作者简介

万　璐　北京林业大学经济管理学院国贸系副教授、硕士生导师，中国林业经济学会林产品贸易专业委员会委员，经济学博士。主要研究领域为国际贸易理论与政策，包括贸易边际结构、金融发展与国际贸易、亚太经济一体化、林业产品贸易等。主持国家社科基金青年项目等多项科研课题。在《当代亚太》《南开经济研究》《中国人口·资源与环境》等期刊发表十余篇学术论文，多次获中国国际贸易学会征文奖。

程宝栋　北京林业大学经济管理学院院长助理、教授、博士生导师，北京林业大学林产品贸易研究中心执行主任，兼任中国林业经济学会副秘书长、林产品贸易专业委员会秘书长、全国农林院校林产品贸易教学与研究协作组秘书长、国家林业局林产品国际贸易研究中心对外投资研究室主任、中国林业产业联合会林浆纸分会副秘书长等职务。主要研究领域为林产品市场与贸易、林业对外投资。主持国家自然科学基金、教育部人文社会科学项目、北京市优秀人才计划支持项目等研究课题十余项。出版学术专著五部，发表学术论文一百余篇，曾获梁希林业科学技术奖一等奖，并多次获得商务部研究奖项。

李　俊　商务部研究院国际服务贸易研究所副所长、副研究员、经济学博士，从事国际经贸战略与政策、国际服务贸易、自由贸易区、知识产权与对外贸易等领域的研究工作。主持国家社科基金、省部级课题多项，参与数十项国家级、省部级及地方政府委托重大课题。出版学术专著两部。发表学术论文数十篇。

本书得到国家社科基金项目"美国TPP战略的经济效应及我国亚太地区FTA策略研究"（项目号：13CGJ036）、中央高校基本科研业务费专项资金（项目号：2015ZCQ-JG-02）资助。

美国TPP战略的经济效应及我国亚太地区FTA策略研究

万璐 程宝栋 李 俊◎著

人民日报学术文库

人民日报出版社

图书在版编目（CIP）数据

美国 TPP 战略的经济效应及我国亚太地区 FTA 策略研究 /
万璐，程宝栋，李俊著 . —北京：人民日报出版社，
2016. 11
ISBN 978 - 7 - 5115 - 4397 - 4

Ⅰ. ①美… Ⅱ. ①万…②程…③李… Ⅲ. ①自由贸
易—国际贸易—贸易协定—研究 Ⅳ. ①F744

中国版本图书馆 CIP 数据核字（2016）第 308455 号

书　　名：美国 TPP 战略的经济效应及我国亚太地区 FTA 策略研究
著　　者：万　璐　程宝栋　李　俊

出 版 人：董　伟
责任编辑：万方正
封面设计：中联学林

出版发行：人民日报出版社
社　　址：北京金台西路 2 号
邮政编码：100733
发行热线：(010) 65369527　65369846　65369509　65369510
邮购热线：(010) 65369530　65363527
编辑热线：(010) 65369522
网　　址：www. peopledailypress. com
经　　销：新华书店
印　　刷：北京欣睿虹彩印刷有限公司

开　　本：710mm × 1000mm　1/16
字　　数：156 千字
印　　张：14. 5
印　　次：2017 年 1 月第 1 版　　2017 年 1 月第 1 次印刷

书　　号：ISBN 978 - 7 - 5115 - 4397 - 4
定　　价：68. 00 元

目　录
CONTENTS

导　论

1. 研究背景及意义

美国参与并积极推动的跨太平洋战略经济伙伴关系协定（TPP）是后金融危机时期区域经济合作迅速发展的典型代表，随着奥巴马成功连任，这一重返亚洲的FTA新战略持续加强，并对世界贸易格局及我国经贸发展产生深远影响。尽管美国不懈努力，但原定于2014年结束谈判的TPP协定并没有如期完成，直至2015年10月初，12个成员国才达成最终协定文本，而本课题对这一动态发展、新问题频发的TPP协议进行了持续跟踪研究。

本研究旨在金融危机后区域经济合作快速兴起的背景下，分析当前亚太地区经济合作的最新变化和最新趋势，从研究美国TPP战略的经济影响出发，提出我国发展亚太地区FTA的有效策略。由于美国对TPP协议的定位是美国自由贸易协定中最高标准、覆盖最多新领域的协议，因此本课题成果既包括对贸易、金融、投资、劳工等问题的分别深入研究，也包括紧密围绕美国 TPP 战略经济效应和我国启示的系统性报告。

2. 研究对象及目的

近期国际贸易政策领域一个显著特征是区域经济合作协议快速增加；后金融危机时期，各国政府积极投入新优惠贸易协定谈判，以便在日渐抬头的贸易保护压力下维持现有开放度；亚太地区是新生区域协定的活跃之地，美国倡导和大力推动 TPP 改变着该地区原有的区域合作格局，促生更多合作（如 RCEP 等）与其并驾齐驱，对这一地区经济合作的新格局、新特点、新趋势的研究具有较强的现实意义。

美国 TPP 战略的推进不仅会对其主要成员（美国等）的贸易流量产生影响，也将影响它们的经济增长、就业创造等诸多方面。美国加入 TPP，其区内成员在 GDP、贸易条件、福利等方面会受益，区外国家相关利益则会受损；因 TPP 发展的动态性（吸收新成员）与复杂性，它对中国等亚太国家的影响会依不同新成员的加入在这些国家的不同产业上产生不同影响，需要基于定量分析（CGE 政策模拟）采取相应对策。从中国角度看，应从整体上探讨亚太地区经济合作的路径选择和策略（双边或多边、与哪些国家、以何种形式），在保持商品价格竞争力、合理调整贸易流向、优化贸易结构（包括贸易二元边际结构）的基础上，结合选用引导 FDI 流向、鼓励创新及研发、推进服务贸易提升等措施，制定短期和中长期中国亚太 FTA 发展对策。

3. 研究内容及方法的创新

以 TPP 为代表的亚太地区经济合作的迅速变化发生在短短三五年间，学术界对这一新现象已广泛关注并进行了一定探讨，但还存在局限，主要包括：（1）由于美国加入 TPP 谈判的时间并不长，关于 TPP 的影响、发展趋势及对策的研究还不够充分；（2）现有文献难于持续跟踪分析 TPP 谈判演进的特点及新变化；（3）现有对 TPP 影响的研究多为定性或简单统计分析，缺乏从扩展边际视角的实证分析及政策模拟；（4）现有对策研究多为在定性基础上提出方向性建议，而较少基于定量分析提出有效对策。

本研究力求对现有研究的上述局限的某个或多个方面做进一步的补充和深入研究，从以下几个方面体现出了研究内容及方法的创新和特色。

（1）基于可计算一般均衡理论，模拟分析不同情境下 TPP 对成员（分为两组：①美国、日本②其他成员国）及非成员（包括亚太主要国家及集团：中国、韩国、东盟等）产生的经济影响，以 TPP 10 国为基准，情境包括：①美国、日本加入 TPP；②美国、日本加入 TPP，美国—韩国形成 FTA；③美国、日本加入 TPP，美国—韩国形成 FTA，中国—韩国形成 FTA，等等。结合经济效应分析，评估各个情景的结论，提出中国的有效策略。

（2）以国际贸易的政治经济学理论为基础，明确后危机时代美国推动区域合作兴盛的深层次原因、主要决定因素及 TPP 合作的新特点，为我国发展亚太 FTA 提供策略选择依据。

（3）基于大量数据统计，并利用贸易版图绘制工具，对美国 TPP 合作的成员国选择策略和原则进行分析，基于中国情况进行类比分析，为中国开展亚太 FTA 的伙伴国选择提供建议。

（4）梳理了 TPP 协议的主要谈判领域、每个谈判领域的目标、谈判达成的主要成果以及谈判中的关键问题。

（5）为了体现前瞻性，讨论了促进 TPP 通过的 TPA 法案，并基于美国国会立法过程，提出了 TPP 正式实施的时间估计。

第1章

TPP 协议的起源、发展与驱动因素

1.1 美国跨太平洋伙伴协议的起源

以美国为主要倡导者的亚太经济合作始于 20 世纪 90 年代，该合作进行之初是为了应对欧洲统一大市场及此类区域经济组织的挑战，而实质上它是一个没有严密组织框架的松散论坛。1998年，APEC 部门自愿提前自由化（Early Voluntary Sectoral Liberalization）宣告失败，其部分成员开始从其他层次寻求区域自由贸易的合作。21 世纪初始，美国积极探索以亚太自由贸易区（FTA-AP）为突破口重新推动 APEC，与此同时，2005 年 8 月，新西兰、智利、新加坡、文莱签署"跨太平洋战略经济伙伴关系"（Trans – Pacific Strategic Economic Partnership）协议。跨太平洋战略经济伙伴关系协议（原称 P4 协议）是以促进亚太区域经济一体化为目标的多边自由贸易协定。该协议首先由 APEC 内的四个小国文莱、智利、新西兰和新加坡于 2005 年签订，其后美国等相继申请加入。TPP 协议的初始建立目标是，在 2006 年 1 月 1 日之前削减成员国之间 90% 的关税，到 2015 年，所有关税降为零。这是一项涵盖自由贸易协定所有要点的全面协议，包括货物贸易、原产地规则、贸易救济、技术性贸易壁垒、服务贸易、知识产权、政府采购等。与 APEC 的松散性不同，TPP 协议具备三方面特点：（1）具有约束性；（2）自由贸易是渐进的，以部门自由化为导向，并允许产业的例外和照顾；（3）组织不是封闭的，面向亚太经济体，允许吸纳新成员①。

2009 年底，新任美国总统奥巴马明确表示，美国将参与 TPP，其后，澳大利亚、秘鲁、越南相继表示愿意加入该协议。2010 年 3 月，四创始国与美、澳、秘、越就吸收新成员问题开始正式谈判。至此美国主导的 TPP 协议正式以跨太平洋伙伴关系协议（Trans – Pacific Partnership agreement）的名称出现。

1.2 美国参与 TPP 的宗旨与目标

1.2.1 总体宗旨与目标

TPP 旨在"建立一个面向 21 世纪的、高标准全面的自由贸易协议"。TPP 协议的全面性体现在成员国将开放市场，建立高标准的贸易规则，并将致力于解决 21 世纪全球性的经济问题，以此

① 杨泽瑞. TPP：实现亚太自贸区的途径？世界知识. 2010，03：56 – 57.

达到促进美国和太平洋地区的就业及增长的目的。

奥巴马上任美国总统以来便坚定不移地积极推行 TPP 协议谈判的进行，力求为美国工人、农民（及农场主）、服务提供者创造更多的就业机会，推动商品和服务的新型、有效的市场准入，建立严格的劳工标准和强效的环境保护承诺，为确保国有企业和私营公司的公平竞争确立突破性的规则，增强透明度，从而为中小企业的出口提供便利，形成健全的知识产权保护框架以促进技术创新，特别支持创新药物和一般药物的市场进入。与此同时，促进形成开放的互联网环境和繁荣的数字经济。根据"2015 总统贸易日程"①，奥巴马政府贸易政策的目标是为美国企业和工人提供更加公平的竞争环境，从而达到更多"美国制造"的出口，进而在美国国内提供更多高收入的就业机会。2014 年，美国出口总额 2.35 万亿美元，创造了刷新历史纪录的 1100 万个就业机会，而由出口带来的就业机会，其平均工资要高出其他就业 18%，足见贸易政策在提升工资水平方面起到的重要作用。与此同时，出口成功地促进了美国经济的增长。积极促进"美国制造"的出口，可以使中小企业、农场主、美国的制造商、美国服务提供商等实现更多地出口。奥巴马强调，尽管给美国带来了如此巨大的好处，但是必须要指出，与美国工人竞争的这些其他国家的劳动力，仍不乏缺少基本劳工权利的，比如缺乏工人组织的权利、缺少对进行高强度劳动的保护、任用童工、存在就业歧视等问题。

---

① 美国贸易代表办公室.总统贸易日程（2015 President trade policy agenda）[EB/OL]. https://ustr.gov/sites/default/files/President% 27s% 20Trade% 20Agenda% 20for% 20Print% 20FINAL. pdf.

　　奥巴马政府认为，社会整体福利的增加反映在两个方面，一方面是美国国内工作和生活水平的提高，另一方面是即使有海外赤字，但是那些赤字应是由有完善劳动权的其他国家工人带来的。进而 TPP 协议的另一个重要目标就是使更高水平的劳工保护惠及世界经济的 40%，也就是说，在 TPP12 个成员国内，形成更高的劳工标准。

　　除此之外，美国提到，他们认为，自己的企业在与那些得到政府补贴或者没有任何环保标准的公司进行竞争，结果使得美国国内工人不是呈现比较优势，而变成了比较劣势。因此，TPP 协议在区域经济合作中，首次涵盖了有关国有企业的规定，并且开创性地在 12 个成员国内要求承诺保护环境和濒危物种。

　　在帮助中小企业方面，美国发现，如果中小企业想要进入海外市场，不得不花费成本顺利通过纷繁复杂的规章制度，因此即使现今的中小企业从规模上看出口得比以往要多，但是绝大多数中小企业却并没有进行出口。而在那些出口的中小企业中，只有不到一半的企业能够出口到一个以上的国家，因为每个国家繁杂的规章制度又不尽相同。所以，TPP 站在中小企业的立场上，尤其是要使那些没有巨大商业资源击破繁杂规章的小企业获益。

　　总之，奥巴马政府宣称，他们不会维持现状，更不会让事情变得更糟（比如让美国人在由中国定义规则的世界中竞争）。TPP 是奥巴马政府通过艰苦卓绝的努力，利用国际贸易来创造更多的就业机会和高薪工作，为美国工人提供公平的竞争环境，确保美国成为书写全球贸易规则的一员，使其反映美国的利益和美国的价值观。

1.2.2 分项宗旨与目标

"2015 年两党贸易优先和责任法案"（Bipartisan Trade Priorities and Accountability Act of 2015①）正式确立美国参与 TPP 的谈判目标，这些目标经历了国会、利益相关者和公众的不断磋商与讨论。该法案陈述了美国政府参与 TPP 的目的，并详细阐述了美国的谈判目标。

1. 货物贸易

在 TPP 谈判中，美国力争为工业品、食品和农产品、纺织品等建立一个全面的、优惠的、大范围的零关税区域，进而使美国的出口商可以提升和扩大他们在世界增长最快经济体的价值链中的参与。

举例来说，2013 年美国向 TPP 国家出口制成品约 6225 亿美元，如果 TPP 国家消除电子产品、精密科学仪器、化工等高新技术产品的关税，美国产品将和 TPP 成员国其他 FTA 伙伴国的产品公平竞争（如中国、印度、欧盟等）。比如美国汽车零部件目前进入越南市场的关税税率为 27%，但越南与中国、泰国、印尼等签有 FTA 协定使他们的产品可以零关税进入。因此，通过消除美国汽车零部件进入越南市场的关税，TPP 可以大幅提高美国商品在越南的竞争力。又如，美国农场收入的 20% 来自农产品出口，并且这些出口支撑着美国农村经济，2013 年美国食品和农产品出

---

① 美国国会. 2015 年两党贸易优先和责任法案（Bipartisan Trade Priorities and Accountability Act of 2015）［EB/OL］. https：//www. congress. gov/bill/114th – congress/senate – bill/995/text.

口达到了 1480 亿的历史最高值，其中有 580 亿（40%）是出口到 TPP 国家的，如果 TPP 消除农产品关税（马来西亚对美国家禽关税达 40%），这一数字将进一步提高。

2. 纺织品

美国许多纺织品、服装面临着 TPP 成员国的高额进口关税。在 TPP 谈判中，美国力争消除纺织品和服装的关税、非关税壁垒，以提高美国生产商在亚太地区的竞争力[①]。

3. 服务贸易

美国是世界第一的服务出口国，美国国内 80% 的就业几乎是服务业提供的。2014 年美国服务出口 7100 亿美元，服务贸易顺差 2330 亿美元，约提供就业机会 46 万个，这些就业机会分布在互联网、信息和软件服务，金融服务，媒体和娱乐，快递和物流，科学研究和开发，电信等服务领域。在谈判中，美国力争确保外国市场进入的开放和公平，促进美国服务供应商对 TPP 市场出口的增加并提供美国国内更多的就业[②]。

4. 投资

在 TPP 协议中加入了很多有益就业和经济增长的传统条款，以及应对投资领域新问题的新规定[③]。在与贸易有关的投资领域，力求确保美国投资者获得像在美国本土一样的平等对待本国和外

[①] 美国贸易代表办公室. TPP 议题纺织品［EB/OL］. https：// www. ustr. gov/ issue－areas/textiles－apparel.

[②] 美国贸易代表办公室. TPP 议题服务［EB/OL］. https：// www. ustr. gov/is-sue－areas/services－investment/services.

[③] 美国贸易代表办公室. TPP 议题投资［EB/OL］. https：//www. ustr. gov/issue－areas/services－investment/investment.

国投资者的机会。

5. 劳工

将对劳工权利的尊重确定为核心价值。因此美国在 TPP 协议中试图建立严格的劳工条款,在美国绝大多数贸易协定中努力加强保护结社自由和集体谈判权的规则,反对强迫性劳动(如童工),建立监测和处理劳工问题的机制①。

6. 环境

环境治理也是 TPP 的一项核心价值,在整个亚太地区推进环境保护和保育工作是美国 TPP 谈判的重中之重。除了核心环境义务,美国试图提出解决一些地区最紧迫环境挑战的开创性建议②。

7. 电子商务与电信

2010 年至 2014 年,全球互联网用户人数从 20 亿激增到 30 亿,并且会持续增加。互联网使用的增加创造了巨大的经济潜力,特别是对于中小企业而言。奥巴马政府努力通过 TPP 建立电子商务方面的承诺,使互联网保持开放和自由,促进电信供应商的竞争性进入,制定数字产品贸易的规则。TPP 将制定一系列最全面的应对数字产品贸易的规则,并促进以互联网为基础的商务活动。这是美国领导力的核心区域,也是世界经济增长最重要的机会之一。TPP 旨在建立一个全球性的数字产品市场,确保推动数字经济的信息和数据可以自由流动,为了达到这个目的,将会

---

① 美国贸易代表办公室. TPP 议题纺劳工［EB/OL］. https：//www. ustr. gov/is-sue – areas/labor.

② 美国贸易代表办公室. TPP 议题环境［EB/OL］. https：//www. ustr. gov/issue – areas/environment.

促进能够提升网络速度、网络进入和网络质量的贸易和投资活动①。

8. 国有企业

通过公平竞争为美国工人提供公平的竞争环境。在 TPP 协议中，美国正在寻求各种开创性的规则，以确保私营部门的商业活动及其工人能够公平地同国有企业（SOE）进行竞争，尤其是当这些国有企业在参与商业活动中得到政府支持时。从美国的观点来看，SOE 在全球范围内正越来越多地同美国商业和工人开展竞争，在许多情况下以其廉价的补贴和优惠的调控待遇扭曲了全球市场、阻碍了美国的出口并且削减了美国工人的工资待遇。TPP 是实现突破性规定的一个机遇，并且有助于推动建立全球更高的公平标准。

9. 竞争政策

通过公平竞争使得美国消费者受益。美国竞争政策的目标是以长期的公平竞争、消费者保护和透明度原则为基础的。美国正在寻求制定规则以禁止反竞争商业活动以及损害消费者利益的欺诈和欺骗性商业活动。

10. 中小企业

推进美国最广泛的雇主利益。中小企业是美国经济的主力，也是其他 TPP 成员国经济增长的主要推动因素。最近几十年来，在美国私有部门提供的新就业岗位净值中，美国 2800 万家的中小企业占了将近三分之二。出口型中小企业增长更快，创造的就业

---

① 美国贸易代表办公室. TPP 议题电子商务 ［EB／OL］. https：／／www. ustr. gov／issue－areas／service－investment／telecom－e－commerce.

岗位更多，并且比未进行国际贸易的类似企业支付的工资更高。

2014 年，美国有 17 万家中小企业向 TPP 成员国出口了价值约 1800 亿美元的商品。虽然美国出口商的 98% 为小型企业，但所有美国企业中只有不到 5% 的企业出口商品。这意味着小型企业可以向美国之外的世界上 95% 的消费者销售美国商品和服务，来增加收入和支持就业，在此方面具有尚未开发的巨大潜能。

TPP 首次将重点放在对中小企业特别具有挑战的问题上。旨在向中小企业提供其在亚太地区开展竞争所需的工具，TPP 将通过消除关税和非关税壁垒、使海关流程合理化、加强知识产权保护、促进电子商务以及制定更加有效和透明的监管制度使得中小企业受益①。

11. 知识产权保护

通过促进美国的创新优势来支持美国的就业。作为世界上最具创新性的经济体，强大并且有效的知识产权保护和执行是美国经济增长和就业的关键。美国将近 4000 万个就业岗位是由"知识产权密集型"产业直接或间接创造的。这些就业对工人支付的工资较高，并且这些产业促进了大约 60% 的美国商品出口，以及大量的服务出口。

在 TPP 中，美国致力于推进强有力的平衡规则，在整个亚太地区保护并促进美国的知识产权密集型产品和服务出口，以便在所有的 TPP 成员国实现商品和服务生产商的利益同时使消费者享有更好的商品和服务。通过以美国现有法律中实现的谨慎的平衡

---

① 美国贸易代表办公室 . TPP 议题小企业［EB/OL］. https：//www. ustr. gov/is-sue－areas/small－business.

为指导，美国正在寻求的 TPP 规定将促进一个开放、创新以及技术进步的亚太地区，加快 TPP 国家间的新产品和产业的创新与创造，同时确保产出能够使所有的 TPP 成员国充分利用科技和医疗创新技术的优势，并且参与新媒体与艺术的开发与享有①。

12. 技术性贸易壁垒

打破对美国制造的产品的壁垒，促进政府透明度。非关税壁垒是出口商在面对亚太地区时的最大挑战。为了确保美国制造的产品获得公平的待遇，须以公平、透明的方式设定标准、合格评定程序以及技术规则，使得各利益相关者有机会"自上而下"进行参与。

TPP 为消除无根据的技术性贸易壁垒（TBT）② 提供了机会。抓住这一机会将使得美国更加容易地出口产品、进入亚太地区的供应链并实现创新，同时还可以保护政府参与制定各种公共利益规则（包括保护公共健康和环境）的主权。

13. 卫生和动植物检疫措施

消除针对美国制造商品的非科学性歧视，并确保建立强有力的食品安全标准。TPP 为竞争最优提供了一个重要的机会，鼓励其他国家朝着更高的标准努力。这包括更严格的食品安全标准。TPP 将建立在世贸组织有关卫生与动植物检疫措施（SPS）的协议上，并表明各国均有权决定其认为适当的保护等级，以便保护

---

① 美国贸易代表办公室 . TPP 议题知识产权保护 ［EB/OL］. https：//www. ustr. gov/issue － areas/intellectual － property.

② 美国贸易代表办公室 . TPP 议题技术性贸易壁垒 ［EB/OL］. https：//www. ustr. gov/trade － agreement/wto － multilateral － affairs/wto － issues/technical － barriers － trade.

食品安全以及动植物健康。

TPP 协议的目标在于确保以科学、透明和非歧视的方式制定并执行 SPS 措施。同时 TPP 还将通过解决非科学性、歧视性以及其他通常阻止美国商品进入市场的不合理的壁垒帮助扩大美国的农业出口。但 TPP 协议不要求对现有的美国食品安全法律法规进行变更①。

14. 透明度和反腐

通过透明性、易用性以及问责制促进良好的治理。通过 TPP 协议，有机会提高决策过程的透明度、打击腐败并提高监管合作水平。"良好治理"（good governance）的改革在保证美国公司与工人的公正性方面也起着重要的作用。美国相信 TPP 应包括历史上所有贸易协议中最强势的反腐败与透明标准，解决这些问题对于促进发展、实现美国价值观至关重要（如法治和尊重人权等）。

15. 海关管理、贸易便利化与原产地规则

简化手续，以便增加美国制造的产品的出口，并确保美国商品成为全球供应链的一部分。简化贸易手续，通过降低成本和提高海关效率，企业将能够以更低的价格，更简单快速地将产品推入市场。在 TPP 中，美国期待促进整个 TPP 地区的贸易，支持美国物流、制造以及其他行业深度融入区域供应链中，并且通过消除烦琐的以及不透明的关税壁垒减少美国企业的成本。这对于难以操纵复杂关税程序的中小企业尤其具有价值。

---

① 美国贸易代表办公室 . TPP 议题动植物检疫［EB/OL］. https：//www. ustr. gov/issue－areas/agriculture/sanitary－and－phytosanitary－measures－and－technical－barriers－trade.

TPP 原产地规则的规定旨在确保只有在 TPP 地区原产的商品才会获得协议下的优惠待遇，这一方法有利于美国的生产和就业，并且有助于将美国企业融入供应链中，减少企业为保持竞争力而将生产移至国外的做法①。

16. 政府采购

促进公平透明的政府采购，同时保持主要的优先方案。TPP 规则中任何一项均不会妨碍美国政府购买美国商品和服务，但 TPP 将为美国企业和工人放开大量的机会，以便于增加其在 TPP 成员国的政府采购市场准入。TPP 成员国属高增长市场，随着其发展越来越繁荣，成员国政府会扩大其采购及建设。TPP 协议为更多地销售美国制造的机械、医疗技术、交通和基础设施设备、信息技术、通信设备以及其他商品和服务提供了机会②。

17. 发展与贸易能力建设

促进可持续发展与基础广泛的经济增长。美国将贸易视为增加女性以及低收入者经济机会的一种重要手段，它能够激励发展活动中公共部门和私营部门合作关系的建立，并促进经济增长可持续模型的形成。此外，美国还将贸易能力建设看成帮助 TPP 发展中成员国（如越南、秘鲁、文莱等）执行协议以及确保这些国家从中受益的关键。

TPP 协议将包括有关合作与能力建设的章节，并且首次将专

---

① 美国贸易代表办公室 . TPP 议题原产地规则 ［EB/OL］. https：//www. ustr. gov/trade – agreements/wto – multilateral – affairs/wto – issues/customs – issues/rules – origin.

② 美国贸易代表办公室 . TPP 议题政府采购 ［EB/OL］. https：//www. ustr. gov/issue – areas/government – procurement.

门针对发展的条款纳入美国贸易协定中①。

18. 争端解决

创造公平有效的争端解决方式。美国在进行贸易协议谈判时，希望贸易伙伴遵守其签署的规则和义务。根据 TPP 协议的规定，各国可向独立的仲裁庭起诉，以便确定一方是否未遵守其义务，并且如果一方未遵守，其他成员国可以单方面暂停优惠。其目的在于根据事实以及协议的规则，有效、及时以及透明地解决争议。通过 TPP 协议的争端解决机制，美国得以采取各种方式来执行协议中所协商的强有力的高标准义务②。

19. 美日机动车贸易双边协议

提高美国汽车工业以及美国汽车工人的利益。随着日本的参与，TPP 成员国达到了全球 GDP40%、全世界贸易 1/3 的经济规模。日本目前是美国的第四大货物贸易伙伴。2014 年，美国向日本出口商品 670 亿美元，服务约 470 亿美元。

但是，美国的出口商在日本汽车市场上面临着大量的非关税措施。因此，在日本加入 TPP 协商之前，美国已经同日本达成了一系列的协议，以便在日本加入 TPP 的同时解决其他问题。这包括同意按照 TPP 协商中最长的分期阶段逐步降低对美国机动车的关税，并将最大限度地消除该类关税。美国和日本还约定通过

---

① 美国贸易代表办公室 . TPP 议题贸易发展［EB/OL］. https：//www.ustr.gov/issue‐areas/trade‐development.

② 美国贸易代表办公室 . WTO 议题争端解决［EB/OL］. https：//www.ustr.gov/trade‐agreements/wto‐multilateral‐affairs/dispute‐settlement.

2013 年 8 月出台的与 TPP 平行的协议协商解决非关税措施①。

1.3　TPP 谈判的进展及其成员的扩大吸收

TPP 协议目前谈判框架下包括 12 个国家：文莱、智利、新西兰、新加坡、美国、澳大利亚、秘鲁、越南、马来西亚、加拿大、墨西哥、日本。

美国加入 TPP 后，到目前为止 TPP 总共进行了 18 轮谈判②，从 2010 年 3 月、6 月、10 月、12 月的 4 轮谈判，2011 年 2 月、3 月、6 月、9 月、10 月、12 月的 6 轮谈判，到 2012 年 3 月、5 月、7 月、9 月、12 月的 5 轮谈判，2013 年的 3 月、5 月、7 月的 3 轮谈判，直至 2014 年至 2015 年的多次谈判国部长会议，TPP 谈判经历了起步、快速发展到减速发展的不同阶段。8 个创始国（美国、澳大利亚、文莱、智利、新加坡、秘鲁、新西兰、越南）在初始的两年内，有效组织了 10 次正式谈判，可见各成员国对于深化该协议的积极性较高，尤其是美国在其中起到了非常重要的推动作用。为保证谈判顺利进行，各谈判方并未将谈判细节和具体成果对外公开，因此外界只能从总体上把握 TPP 的谈判框架。

前两轮谈判主要涉及区域贸易协定的基本问题：推动自由贸易、消除非关税贸易壁垒、促进电子商务和服务业发展、保护知

---

① 美国贸易代表办公室. 日美信息发布［EB/OL］. https：//www. ustr. gov/pol-icy – offices/press – office/fact – sheet/2013/april/us – consultations – japan.

② 美国贸易代表办公室. TPP 协议［EB/OL］. https：//ustr. gov/trade – agree-ments/free – trade – agreements/trans – pacific – partnership/tpp – blog.

识产权、市场准入、加强环境保护、吸收 APEC 成员加入 TPP。在第 3 轮谈判期间，全体创始国一致通过马来西亚加入协议，而谈判议题也更加深入，包括金融服务、知识产权、政府采购、劳工和环境等，截至此时，较为敏感的谈判议题——如农产品等问题，还未进入到实质性条款谈判阶段。从第 4 轮谈判开始，TPP 已扩展至 9 国，并伴有日本以观察员身份进行参与，谈判在前 3 轮议题的基础上更为具体化，包括成员已有的 FTA 与 TPP 的协调方式、规则一致性、繁荣中小企业、供应链以及区域整合等，同时开始协商部分草案。进展到第 6 轮谈判时美方表示，在法律文本的商定方面已取得实质性进展，并拓展到新领域的法律文本，如工业品、卫生与动植物检疫、技术贸易壁垒及环境等。[①] 此外，美国还在法律文本中提出了监管一致性的问题，这是在自由贸易协定中首次提出该问题，而这正与美国企业进入外国市场时所面临的主要壁垒息息相关。

从第 8 轮芝加哥回合起，启动了"贸易促进药品市场准入"（Trade Enhancing Access to Medicines）的议题，旨在通过贸易政策工具促进药品贸易，降低创新药物和一般药物进入市场的障碍。在第 10 轮吉隆坡回合上，成员国提出对 TPP 更高的发展愿景：出台更加全面的、新一代的贸易协议（next - generation trade agreement）。从第 15 回合起，加拿大和墨西哥加入谈判讨论，至此，TPP 成员国增长到 11 个。2013 年 3 月的第 16 轮谈判上，TPP 首席谈判代表表示，由于各代表团在谈判期间积极寻求互相

---

① Office of the United States Trade Representative，"2011 Trade Policy Agenda and 2010 Annual Report"［EB/OL］．2011，03：pp. 16 - 35.

可接受的路径，该协议在投资、服务、技术性贸易壁垒、知识产权、规则一致性等许多问题上取得了实质性进展，它们的法律文本已达成共识。第 17 轮谈判中主要讨论了"不符措施"（non - conforming measures，负面清单）、电子商务、原产地规则、动植物卫生检疫等问题。在 2013 年 7 月的第 18 回合谈判上，美国和其他 TPP 成员国热烈欢迎日本将作为正式成员加入谈判。随着日本的加入，TPP 所覆盖的经济总量达到全球 GDP 的 40% 和世界贸易的 1/3，真正向着 21 世纪高标准的目标迈进。

2015 年 10 月 4 日（美国时间），TPP12 个缔约国的部长宣布谈判结束，12 国包括澳大利亚、文莱、加拿大、智利、日本、马来西亚、墨西哥、新西兰、秘鲁、新加坡、美国和越南。谈判达成了高标准、高目标、全面而平衡的协议，TPP 协议旨在促进经济增长，保持并创造就业，提升创新性、生产率和竞争力，提高生活水平，减少缔约国国内的贫困，促进透明度、良好治理，并加强劳工和环境保护。

1.4 美国积极推进 TPP 的主要动因

1. 实现 FTAAP 战略的重要途径

TPP 不断吸收亚太新成员的计划与美国建立 FTAAP 的设想完全吻合，其恰可视为实现该设想的重要途径或手段。因而，TPP 也必将发挥与 FTAAP 相同的功能，即抑制东亚地区出现排他性（排除美国）的贸易安排。由于 APEC 下的多边谈判困难重重并停滞不前，使得美国不得不寻求其他途径参与，并在亚太地区贸易与投资自由化中取得重要地位。面对中国—东盟自由贸易区等"10＋X"模式区域合作的快速发展，美国担心被置于如此具有市场潜力的区域合作之外，以至于撼动其在世界经济领域的主导地位。与此同时，遏制中国在亚太甚至是全球经济影响力的上升也是美国的主要考虑因素，毕竟次贷危机之后的世界越来越依赖中国，这明显不是美国乐于看到的结果。

2. 经济复兴的动力，就业增加的手段

2011 年美国总统贸易日程对未来美国经济与贸易目标做出定位：政府贸易政策将继续以引领全球经济为目标，同时使美国在全世界销售更多的商品和服务，从而为本国提供更多的就业岗位。为达成这些目标，美国将提高与贸易伙伴国市场开放的谈判，积极争取美国在贸易协定中的权利。贸易是更多就业岗位以及经济强劲增长的源泉。根据 IMF 预测，未来 5 年内 83% 左右的世界经济增长将发生在美国以外的地区。因此为了挖掘就业以及经济增长的潜力，美国必须积极开拓向海外销售商品和服务的市场。每 10 亿美元的货物出口就能提供超过 6000 个就业机会，而同等数额的服务出口能提供超过 4500 个就业机会。① 不仅仅是出口，进口也发挥着重要作用，为生产高附加值产品而加大进口投入，从而支撑了高收入的职业。美国认为通过其出国扩张政策可以调和国际收支不平衡，并可以带动经济复兴。致力于提高经济增长与就业的美国贸易政策，除继续推行国家出口计划（NEI）

---

① Office of the United States Trade Representative, "2011 Trade Policy Agenda and 2010 Annual Report" ［EB/OL］. 2011, 03: pp. 1 - 2.

外，双边及多边贸易协定成为政策中关注的重点。

3. 分享亚洲市场快速发展所带来的利益与机会

亚洲地区是当今世界发展最快的市场。在亚太国家中目前存在并生效的特惠贸易协定有 180 多个，并有 70 多个协定正在谈判当中。因此，对美国来说，只有全面参与到这种新型贸易结构以及动态的市场变化中，才能提高其面向该地区的出口产品的竞争力，从而从贸易中为美国获得更多商业利益及就业机会。TPP 是奥巴马政府寻求加入亚太地区多边贸易和投资活动的重要切入点。美国一直宣称 TPP 旨在"建立一个面向 21 世纪的、高标准、全面的自由贸易协议"，并计划 2011 年在成员国之间的谈判方面取得结论性进展。由于该协议建立之初仅包括文莱、智利、新西兰、新加坡等亚太 4 国，即使之后美国加入并积极推动，又扩充了澳大利亚、秘鲁、越南、马来西亚等成员国，但除美国以外，这 8 个亚太国家的市场容量之和仍然相当有限。因此，美国一直以来不断谋求与亚太主要市场日本、韩国以及中国的合作。在 2010 年 11 月 APEC 日本横滨峰会上，美国推动日本加入 TPP 的计划首先有了实质性进展，作为单独议题，日本以观察员身份加入 TPP 讨论。日方宣布将加入 TPP 协议，并准备开始相关协商与谈判。① 美国期待日本的加入能够对亚太地区的贸易自由化及市场开放起到积极的作用，通过美日互动为主的"合作平台"吸引更多亚洲国家的参与，从而将 TPP 的规模和影响扩大，直至覆盖整个亚太地区。

---

① 吴正龙. 日本参与 TPP 的艰难抉择. 中国经济时报. 2010 – 11 – 18.

　　总的来说，美国积极推行 TPP 协议主要出于以下考虑。一方面，提升美国在亚太地区贸易与投资自由化中的参与程度，以免美国由于被排除在贸易集团之外而遭受非优惠的关税待遇；另一方面，确保美国全球经济引领者的地位，对中国政治经济影响力的上升形成有效制衡。除此之外，进入并充分利用飞速发展的亚洲市场，带动美国经济及就业增长也是至关重要的考虑因素。正是在这种考虑的驱使下，美国不断推动 TPP 成员的吸收与扩张，而仅就目前成员来看，尚未能覆盖亚洲经济中增长最快的市场，如日本、韩国等。因此，"2011 美国总统贸易日程"将美—韩贸易协定置于双边及多边协定的首位，并宣称 2010 年美—韩在关于汽车部门的谈判中取得了巨大成功，新的进入承诺将会为美国提供至少 7 万个就业机会。

第 2 章

TPP 协议的国内外研究现状

2.1　TPP 战略的经济效应

TPP 实质上属于区域经济合作层次中的自由贸易区（FTA），且由于美国加入 TPP 从 2010 年起才进入正式议程，国内外直接研究 TPP 的文献相对有限，较具参考价值的成果包括与其紧密相关的 FTA 问题的研究，有关经济效应的研究可概括为以下三方面。

1. 对贸易流量的影响

在该领域，早期理论以 Viner（1950）关税同盟理论为代表，认为区域合作的利益源于"贸易创造"和"贸易转移"的总和，但其作用的正负结果不确定，因此为判断实践中的区域协定是否有益贸易，需要借助实证检验。对贸易流量的实证研究，大部分都基于引力（gravity）及其扩展模型（McCallum，1995；Frankel，1997；Baier and Bergstrand，2002；Magee，2003；Baier and Bergstrand，2007；Magee，2008 等）。在实证检验中发现的有关"贸易创造"和"贸易转移"效果的结论往往并不统一。例如，Clausing（2001）估计了 1989—1994 年加拿大—美国自由贸易协定（CUSFTA）对美国从加拿大进口的影响，以及对美国从世界其他地区进口的影响。在其模型中，贸易量视为关于关税和其他因素的对数线性函数，并使用固定效应（fixed effects）处理混合（pool）数据，他发现关税下降 10% 导致美从加进口扩大 1%，即产生了贸易创造，但贸易转移的实证检验结果是不显著的[1]。Romalis（2002）使用"变化解释变化"（differences in differences）方法估计了 CUSFTA 和 NAFTA 对美贸易量的影响，其结果同样显示了显著的贸易创造效应[2]。

进而研究者们开始对研究方法和工具做进一步的探讨。早期引力模型的设置相对简单且使用截面数据，此时如将 FTA 视为内生，那么其对贸易流量的影响就可能是有偏的（Baier and Bergstran，2002 [3]；Magee，2003 [4]），Baier and Bergstrand（2007）指出可使用工具变量（IV）和面板数据解决该模型下的内生性问题，并基于此得到了显著的实证结论：平均而言，FTA 大约在 10 年后

---

[1] Clausing Kimberley A.，"Trade Creation and Trade Diversion in the Canada – U. S. Free Trade Agreement". Canadian Journal of Economics，34（3），August，2001：pp. 677 – 696.

[2] Romalis，John，"NAFTA's and CUSFTA's Impact on North American Trade" [EB/OL]. University of Chicago，manuscript，2002.

[3] Baier，Scott and Jeffrey H. Bergstrand，"On the Endogeneity of International Trade Flows and Free Trade Agreements" [EB/OL]. University of Notre Dame，manuscript，2002.

[4] Magee，Christopher，"Endogenous Preferential Trade Agreements：An Empirical Analysis" [EB/OL]. Bucknell University，manuscript，2003.

可使两成员的双边贸易翻一番[①]。Devadason（2012）基于改进的引力模型，运用面板数据，从中国角度估计了其与不同贸易集团（TPP、ASEAN、ASEAN + 3、ASEAN + 6）的双边贸易流量，指出中国与 TPP（China – TPP）的贸易流量比其他组合（China – ASEAN 等）更易受到市场规模扩大的积极影响。

2. 对福利效果的影响

前面提到的引力模型的主要研究对象仍是贸易流量，如果要考察 FTA 对成员及非成员福利影响的结论，还需对研究方法加以改进。

Kemp 和 Wan（1976）拓展了该理论，指出在一定条件下（即拥有共同对外关税并保持价格以及对世界其他地区商品的购买不变），关税同盟能给成员国带来好处，同时又不损害其他国家或地区的利益。[②] 而自由贸易区并不同于关税同盟，其成员国各自拥有针对世界其他国家或地区的关税向量，所以 Kemp 和 Wan（1976）的结论不能简单地应用于 FTA。为了解决此种矛盾，Krishna 和 Panagariya（2002）提出新的证明方法，证明 Kemp – Wan 定理也可以适用于 FTA 的情形。[③] 但是我们并不能由此断定

① Baier Scott, Jeffrey H. Bergstrand, "Do free trade agreements actually increase members' international trade?". Journal of International Economics, 2007, 71: pp. 72 – 95.

② Kemp, Murray and Henry Wan, Jr., "An Elementary Proposition Concerning the Formation of Customs Unions". In Marry Kemp, Three Topics in the Theory of International Trade: Distribution, Welfare and Uncertainty. Amsterdam: North Holland, 1976.

③ Krishna, Pravin and Arvind Panagariya, "On Necessarily Welfare – Enhancing Free Trade Areas". Journal of International Economics, Vol. 57, Issue 2, 2002: pp. 353 – 367.

在实践中区域协定一定是有益的。因此，需要进一步借助于实证研究进行检验。Itakura and Lee（2012）对比分析了TPP和东亚自由贸易区（EAFTA）对成员国的福利效果，发现随着这两个FTA的扩大，EAFTA将产生比TPP更大的福利收益。

3. 对成员及非成员其他经济变量的影响

由于引力模型的研究主要是围绕贸易流量展开的，为了拓展研究对象的范围，我们可尝试在该框架下引入贸易扩展边际的视角，Petri et al（2011）定量研究TPP和亚太区域一体化时提出了这种可进一步拓展的可能。如要考察FTA对成员及非成员更多经济变量（GDP、贸易条件、产出等）的影响，就要考虑除引力模型外的可行政策研究方法。基于这种需要，可计算一般均衡（CEG）被用于FTA特别是TPP的研究中（Cox and Harris，1992研究NAFTA；Lee and Plummer，2011研究ASEAN；Petri et al，2011、Itakura and Lee，2012、Li and Whalley，2012研究TPP）。基于CEG框架GTAP模型提供了一个颇具操作性的模拟FTA影响的工具（Urata and Kiyota，2003；Siriwardana，2007；黄凌云、刘清华，2008；Kitwiwattanachai et al.，2010），同时其最新版本GTAP-8又为政策模拟提供了数据基础（Petri et al，2011）。本文作者已使用GTAP模型较早地对TPP的经济效应进行了研究。

2.2 TPP 成员进入和增扩的决定因素及我国的应对策略

1. TPP 成员进入和增扩的决定因素涉及贸易政策的政治经济

学，即关税贸易政策的决定和变化反映了特殊利益集团的要求。Levy（1997）对由多数投票决定的贸易政策进行建模，发现由于贸易政策会导致收入分配变化（特别是在利益集团间的变化），不同社会阶层对双边贸易协定的增扩会有不同态度。Grossman and Helpman（1995）及 Krishna（1998）均对一国在决定是否加入 FTA 时国内大生产者的影响建模，发现能带来贸易转移的 FTA 更易受到支持。Ornelas（2005）在一般均衡框架下拓展了前人研究，认为尽管 FTA 取消了货物贸易里的限制，但仍可能存在其他贸易保护，并且自由贸易区内国家利益的再分配有难度，所以只有能大幅提高一国福利的 FTA 才会得到政治支持。由此可见，TPP 成员的进入与增扩与其经济效应密切相关。现有文献对该方面的研究多限于定性或简单统计分析，如 Lewis（2011）、刘昌黎（2011）、Williams（2012），经济效应的分析相对匮乏。

2. 中国应对美国 TPP 战略的策略选择是当前国内学者讨论较多的问题，这些讨论主要为定性分析，较有代表性的如盛斌（2010），他在总结 TPP 外交、贸易、FTA 战略等方面目标的基础上，提出了"互动、瓦解、抵消冲击"等三种对策选择。这些可选策略还需要经济学分析的支撑。国内研究中基于定量分析的策略选择较少，其中包括本申请人的前期研究（在定量模拟基础上提出我国的应对策略）。

2.3　研究现状简评

以 TPP 为代表的亚太地区经济合作的迅速变化发生在短短两

三年间，学术界对这一新现象已广泛关注并进行了一定探讨，但还存在局限，主要包括：（1）由于美国加入 TPP 谈判的时间并不长，奥巴马连任表示继续推进 TPP 也是新近发生，关于 TPP 的影响、发展趋势及对策的研究还不够充分；（2）现有文献难于准确衡量亚太地区 FTA 动态演进的特点及趋势；（3）现有对 TPP 影响的研究多为定性或简单统计分析，缺乏从扩展边际视角的实证分析及政策模拟；（4）现有对策研究多为定性基础上提出方向性建议，而较少基于定量分析和评估提出有效对策组合。

第 3 章

TPP 协议涉及的区域经济合作的主要领域

3.1 TPP 协议的主要领域及美国的目标

3.1.1 TPP 协议的主要领域

"2015 年两党贸易优先和责任法案"明确指出了美国参与 TPP 谈判的重点领域，在每个领域下，美国设定了符合自身利益的目标，这些领域的确定经历了国会、利益相关者和公众的参与和深刻讨论。主要领域涵盖 19 个方面，如下所示：

表 3.1　TPP 涉及的主要议题

1. Trade in Goods 货物贸易	11. Intellectual Property Rights 知识产权保护
2. Textiles 纺织品	12. Technical Barriers to Trade 技术性贸易壁垒

3. Services 服务	13. Sanitary and Phytosanitary Measures 动植物卫生检疫措施
4. Investment 投资	14. Transparency and Anticorruption 透明度与反腐
5. Labor 劳工	15. Customs, Trade Facilitation, and Rules of Origin 海关管理、贸易便利化与原产地规则
6. Environment 环境	16. Government Procurement 政府采购
7. E – Commerce and Telecommunications 电子商务和电信	17. Development and Trade Capacity – Building 发展与贸易能力建设
8. State – Owned Enterprises 国有企业	18. Dispute Settlement 争端解决
9. Competition Policy 竞争政策	19. U. S. – Japan Bilateral Negotiations on Motor Vehicle Trade
10. Small and Medium – Sized Enterprises 中小企业	美日双边机动车贸易谈判

资料来源：USTR，美国贸易代表办公室网站，https：//ustr. gov/trade – a-greements/free – trade – agreements/trans – pacific – partnership/tpp – issue – issue – negotiating – objectives

3.1.2　美国 TPP 协议的具体目标

1. 货物贸易

目标包括：（1）为美国提供更多就业机会；（2）大范围地消除美国和 TPP 各成员国之间的关税（在考虑控制美国进口敏感性

的前提下），主要是消除工业制成品和大多数农产品的关税[1]；
（3）在其他商品领域通过大幅削减关税和制定优惠关税配额，实
现新的、有商业价值的市场准入；（4）减少美国出口的非关税壁
垒，包括对农产品和其他产品的歧视性壁垒、关税配额的限制性
管理、不公平的贸易限制，以及其他美国商品进入的不合理障
碍；（5）获得 TPP 国家间市场的完全相互准入，以及对美国纺织
品和服装产品的更开放的条件；（6）建立国有企业的规范，从而
增加透明度，消除市场扭曲；（7）在 WTO 技术性贸易壁垒承诺
基础上再次确认承诺；（8）在 WTO 卫生与动植物检疫承诺基础
上再次确认承诺；（9）确保没有任何承诺会造成美国反倾销法和
反补贴法的修改或者二者执行效力的削减。

2. 纺织品

目标包括：（1）消除纺织品和服装出口 TPP 国家的关税；
（2）确保纱线出口的原产地规则，要求纺织品和服装使用美国或
其他 TPP 国家的纱线和织物制造；（3）建立"短少供应"清单，
使得 TPP 国家不能提供的布料、纱线、纤维可以从非 TPP 国家采
购并用于 TPP 区域的服装生产，而不丧失关税优惠；（4）确保严
格的执行规定和海关合作承诺，核查原产地或优惠待遇证明，拒
绝对无法验证的可疑商品给予优惠或进入市场；（5）建立纺织品
特保机制，允许美国和其他 TPP 成员国对于因进口突增而导致国
内生产商重大损害或重大损害威胁的商品，再次征收进口税。

---

① 美国贸易代表办公室 . TPP 议题农业 ［EB/OL］. https：// www. ustr. gov/is-
sue – areas/agriculture.

3. 服务贸易

目标包括：（1）减少国际服务贸易壁垒，为美国服务供应商提供更多市场机会；（2）确保 TPP 成员国不歧视对待美国服务供应商；（3）坚持政府设定质量和安全标准，以规范公共权益，提供公共服务；（4）提高服务相关的透明度和可预见性；（5）制定相关规定，使服务供应商无须在每一个 TPP 成员国设立办事处便能提供服务；（6）保证跨境服务相关资金流转的自由性和时效性，但同时确保各国政府保留管理资本流动波动的灵活性；（7）在贸易增长的重要部门建立新的增强义务（例如促进快递服务集成到供应链和分销网络）；（8）确保 TPP 服务的优惠待遇没有开放给由非 TPP 成员国控制的"空壳公司"；（9）确保开放外国金融服务和保险市场的同时保护政府管制的灵活度，包括政府可以采取必要措施确保金融系统的稳定性和完整性；（10）一套特定的金融服务承诺，如：允许境外投资组合管理人向境内资产管理人提供咨询，允许跨境电子支付服务，允许数据处理信息的跨境转移等。

4. 投资

目标包括：（1）保护政府在管理公共利益方面的权利；（2）确保投资争议在透明、有规则的前提下解决；（3）建立消除歧视的基本规则，如国民待遇（不低于 TPP 成员对本国投资的待遇）、最惠国待遇（不低于 TPP 成员对任何其他国家投资的待遇）；（4）为财产的无偿征收提供基本保护，使财产不能在没有公平补偿支付的情况下被政府取得，这与美国最高法院的判例一致；（5）防止司法不公，避免美国公民在海外的刑事、民事或行政诉讼中被剥夺基本的正当程序；（6）允许 TPP 协议下投资相关资金的转移，但政府保留管理资本流动波动的灵活性除外；（7）禁止规定"履行要求"，包括当地产比率要求（local content requirement）、出口要求、技术转让或技术本地化要求；（8）确保投资者有权不考虑国籍地任命管理人员，同时董事会成员任命的国籍限制不损害投资者对其投资的控制；（9）建立严格的保障措施，以提高投资者—国家争端解决的标准，如劝阻、驳回无理诉讼，允许政府管理仲裁机构的结果、颁布对仲裁机构具有约束力的解释，使诉讼程序更加透明（召开公众听证会、发布仲裁诉状及裁决的公告），为社会民间组织和其他第三方提供参与机会（包括工会、环保组织、公共卫生组织及其他利益相关方）。

5. 劳工

目标包括：（1）确保广泛承诺，要求 TPP 国家采纳并从法律和实践的角度维护国际劳工组织（ILO）认可的基本劳工权利（结社自由、集体谈判，消除强迫性劳动，废除和禁止童工，消除就业歧视）；（2）争取 TPP 国家的更多承诺，在最低工资、工作时限、职业安全与健康方面制定相关法律；（3）确保劳工承诺服从于同一个争端解决机制；（4）建立规则，保证 TPP 成员国不放弃或偏离基本劳动法律，并采取行动阻止强迫劳动生产的商品，不管这些商品是否来自于 TPP 成员国；（5）保障出口加工区的工作条件和基本权利不会恶化；（6）建立公众直接向 TPP 成员国提出问题的渠道，如果他们认为某一成员国没有履行劳工承诺，可以要求政府审议并回复这些问题；（7）确保劳工义务实施的透明度；（8）确立公平、公正、透明的行政和司法程序（如美国法律的规定）；（9）对 TPP 成员国违反劳动法的情况提供补救措施；（10）建立劳工问题的合作与协调机制，包括在确定合作和参与的领域时邀请利益相关方参与。

6. 环境

目标包括：（1）保护动植物群落（通过国家行动，打击非法野生动物和原木交易）；（2）促进可持续渔业管理；（3）建立规则禁止有害渔业补贴（如禁止过度捕捞的补贴）；（4）促进海洋生物的长期保护（包括鲨鱼、海龟、海鸟和海洋哺乳动物）；（5）打击非法捕鱼，包括实施港口国措施，并加强监测和监控；（6）建立强而有力的环境保护义务，并服从于和 TPP 其他义务一样的争端解决机制；（7）确保有效执行国内环保法律的承诺，包括实施多边环境协议，承诺不因促进贸易或投资，放弃或偏离环境保护法律的要求；（8）确保执行和实施环境承诺的透明度，包括要求 TPP 成员国为公众参与提供机会；（9）要求 TPP 成员国确保环境法律的行政和司法程序公平、公正、透明，并对违反环境法律的行为实施制裁或进行补救；（10）建立执行、审查、评估等促进环境承诺执行的活动框架，并为公众参与这些活动提供机会，除了环境章节本身的承诺，在整个 TPP 协议中，美国还试图消除环保产品的关税（如太阳能电池板、水处理系统、空气质量设备），促进环保产品和服务的贸易。

7. 电子商务与电信

目标包括：（1）确保不对数字产品（软件、音乐、视频、电子书）征收关税的承诺；（2）确保给予数字产品电子传输非歧视性待遇，保证这些产品不会因为生产国或地区不同而受到政府批准方面的歧视性待遇；（3）建立支持单一、全球性互联网的要求，保证数据的跨境流动与政府在规制隐私保护方面的合法利益相一致；（4）建立反对本地化要求的规则，即反对迫使企业在每个拟合作市场中建立计算机基础设施而不允许通过具有商业意义的网络中心提供服务；（5）确保 TPP 成员国之间密切合作，以促进企业（特别是中小企业）克服障碍，发挥电子商务的优势；（6）承诺为电信供应商提供合理的网络接入（互联和物理设施等）；（7）建立规定以促进技术和竞争性替代品的选择，从而解决国际移动漫游成本高的问题；（8）在影响互联网的法律、规则制定中增强公众的参与和透明度（包括征求公众意见）；（9）促进电信服务的竞争性供应。

8. 国有企业

目标包括：（1）确保 SOE 根据商业价值进行商业买卖；（2）确保保留扶植 SOE 参与国内公共服务提供的能力；（3）确保获得补贴的 SOE 不会损害美国商业及工人的利益；（4）确保 SOE 不会排斥其他缔约方的企业、商品和服务；（5）建立有关 SOE 透明度的规则。

9. 竞争政策

目标包括：（1）确保 TPP 成员国采纳新法或使用现行法律，以禁止损害或可能损害消费者的欺诈性、欺骗性商业活动；（2）承诺采纳或沿用国内竞争法，禁止反商业竞争的行为，并将这些法律用于其国内的所有商业活动；（3）对于竞争法的执行，建立程序公正的基本规则。

10. 中小企业

目标包括：（1）在 TPP 区域内消除那些使美国中小企业货物和农产品丧失价格优势的高关税；（2）合理化那些使中小企业难以进入新市场的复杂技术壁垒和行政壁垒；（3）促进数字贸易与互联网自由化，以确保小企业可以进入全球市场；（4）帮助小企业融入全球供应链中；（5）确保 TPP 成员国承诺提供有关如何运用自由贸易协定的信息，因为这是中小企业公认的有挑战的难题；（6）建立中小企业委员会，该委员会定期会面，以便评审中小企业是如何利用 TPP 获益的，以及对中小企业如何增大从 TPP 获益提出建议。

11. 知识产权保护

目标包括：（1）在现有国际知识产权协议的确立基础上，制定标准，包括：世界贸易组织《与贸易有关的知识产权协议》（TRIPS）、世界知识产权组织（WIPO）版权条约、世界知识产权组织表演和录音制品条约、专利合作条约；（2）建立强有力的专利、商标和版权保护；（3）采取强有力的措施防止窃取商业机密，包括网络窃取商业机密；（4）建立促进有关商标和地理标志的透明度与正当程序的规则；（5）确保依靠知识产权的美国个人和企业获得公平、平等以及非歧视的市场准入机会；（6）确保建立强有力、公平的执行规则，防止商标伪造和版权盗版，包括在伪造或盗版商品威胁消费者健康或安全的情况下允许加大处罚的规则；（7）对于使危险伪造品跨境并且进入供应链的漏洞，如伪造者将产品与商标分开发运，应进行制止；（8）确保承诺，使得各国有义务通过限制或例外情形（及其他方式）允许将版权作品用于下列目的，以寻求实现版权体系的平衡：批评、评论、新闻报道、教学、研究；（9）设立互联网服务提供商（ISP）版权安全港，并且做出有关技术保护措施的强有力的、平衡性的规定，促进新的商业模式，并且促进合法的数字贸易；（10）确保以下药物知识产权条款：促进新的急救药物的创新和开发，为激烈的通用药品竞争创造机会，促进以实惠的价格获得药品，同时考虑 TPP 成员国之间的发展程度及其现有的法律和国际承诺；（11）确认知识产权承诺与《TRIPS 与公共健康多哈宣言》保持一致，同时确定各国有权利采取措施促进公共健康；（12）使得企业在新的市场上更加容易地寻找、注册和保护其商标与知识产权，这对小企业尤为重要；（13）阐明强有力的补救措施可以用于国有企业，与国际规则保持一致。

12. 技术性贸易壁垒

目标包括：（1）在 WTO 技术性贸易壁垒承诺基础上确定并建立相关规则；（2）确保下列承诺的实现，即增强透明度、降低不必要的试验和认证成本以及促进标准制定的更大的透明度；（3）鼓励 TPP 成员国政府在制定技术规则、标准以及合格评定程序中加大公众的参与；（4）要求 TPP 成员国加大政府决策的透明度，包括：发布新的技术规则和合格评定程序、为公共评论提供机会、就评论所引起的实质性问题做出回应；（5）确保增强关键部门合作的承诺，如葡萄酒、蒸馏酒、医疗器械、化妆品、药品以及信息和通信技术等领域。

13. 卫生和动植物检疫措施

目标包括：（1）在 WTO《实施动植物卫生检疫措施的协议》

（SPS）基础上确定并建立相关承诺，明确说明各国均有权确定其认为适当的保护等级，以便保护食品安全以及动植物健康；（2）TPP 成员国建立机制，以加速解决阻碍美国食品和农产品出口的不合理壁垒；（3）建立新的、可有力执行的规则，确保以透明、可预测以及非歧视的方式制定并实施科学的 SPS 措施；（4）促进政府间的沟通、协商和合作，以便分享信息，并共同致力于以透明的方式解决食品安全问题；（5）允许 TPP 成员国必要时采取应急措施；（6）建立持续机制，促进解决 SPS 与 TBT 问题的对话与合作；（7）纳入严格的海关规定以及有关原产地规则的规定，帮助打击来自第三国的非法转运，包括海产品的转运。

14. 透明度和反腐

目标包括：（1）确保在制定规则以及其他政府决定方面促进更高的透明性、参与性与问责制，包括通过以下方式：及时公布法律、法规、普遍适用的行政规则，以及影响贸易与投资的其他程序，在通过并最终确定措施之前，为利益相关者提供机会对各种措施进行评论；（2）承诺打击腐败，包括通过以下方式：国内反腐败法律与法规的执行，国际反腐败努力；（3）确立行为准则，促进在公职人员中建立高的道德标准；（4）首次在美国贸易协定中确定有关监管一致性的章节，包括有关被普遍认可的良好治理实践、美国已有标准，如影响评价、公共透明性，以及有关监管的沟通和向公众告知政府措施等的规定。

15. 海关管理、贸易便利化、原产地规则

目标包括：（1）通过确保在互联网上发布所有的海关法律、法规和程序的方式增加透明度，同时指定贸易商联系点，以便解

决问题；（2）最大限度地确保货物在港口的时间不超过必需的时间，以便于遵守海关法律；（3）加快海关处理，以便加快交付货物；（4）针对假冒商品、野生动物贩卖以及从第三方国家通过TPP 成员国非法转运货物以逃避关税的非法贸易加强合作；（5）确保以公平和透明的方式执行海关处罚，并确保各国在执行处罚时避免利益冲突。

TPP 原产地规则的规定旨在确保只有在 TPP 地区原产的商品才会获得协议下的优惠待遇，这一方法有利于美国的生产和就业，并且有助于将美国企业融入供应链中，减少企业为保持竞争力而将生产移至国外的动力。

目标包括：（1）建立强有力、通用的原产地规则，以确保美国和其他 TPP 成员国获得 TPP 的利益；（2）确保只有在 TPP 区域内全部获得或生产，在某一 TPP 成员国内、完全采用原产于其他TPP 国家的材料生产的，或在 TPP 成员国内采用满足具体产品规则的材料生产的商品才会获得协议中的利益；（3）为表明商品是在 TPP 区域内生产的，贸易商以及海关建立通行的 TPP 范围体系，以便验证贸易商是否遵守原产地规则；（4）强化将生产和供应链融入 TPP 区域范围内的激励，以便使得与美国国内生产商开展业务更具有吸引力；（5）根据区域价值含量或限额门槛对规则做出具体的说明。

16. 政府采购

目标包括：（1）增加美国公司在全世界销售美国产品的机会；（2）建立公平、透明、可预测以及非歧视的规则，以便管理TPP 成员国中的政府采购，包括反映现有美国政府采购实践的规则，如：及时公布有关政府采购的信息，确保供应商有足够的时间获得招标文件并提交标书，确保按照公平的程序处理采购，确保只根据通知和招标文件中规定的评估标准授予合同，提供公平的行政或司法审查授权，以便对质疑或投诉进行审查；（3）将州和地方政府排除在正在协商的承诺之外；（4）保持国内优先采购计划，如：小企业、女性所有企业、少数民族所有企业、服务伤残老兵和贫困人员企业的优先计划，由联邦政府资助的州和地方项目要求需执行"购买美国货"的采购原则，交通服务、粮食援助以及农业支持等需国内采购优先，国防部关键采购需国内采购优先；（5）除有关以下方面的专门政府采购外，保持广泛的采购：国家安全，保护公共道德、秩序或安全的必要措施，保护人类、动植物生命或健康，保护知识产权；（6）允许订约要求中包括劳动、环境与其他标准。

17. 发展与贸易能力建设

目标包括：（1）消除限制贸易以及阻碍增长与发展的关税与非关税壁垒；（2）为保护纳入贸易协定中的工人和环境建立最有力的标准；（3）通过消除对农产品的壁垒增强食品安全；（4）促进政府决策的透明性、参与性和问责制，以及反对腐败；（5）确保有关 TPP 成员国合作发展活动的协议能够引领以下领域：通过利用 TPP 协议创造贸易和投资机会的政策促进广泛的经济增长和可持续发展，增加妇女参与国内和全球经济的机会，促进有关教育、科技、研究与创新的政策；（6）建立 TPP 成员国政府与非政府代表以及私营部门能力建设活动的协作与促进机制，以便帮助TPP 工人和企业，包括中小企业和微型企业参与全球贸易以及利用协议。

18. 争端解决

目标包括：（1）建立公平的争端解决机制；（2）建立透明的争议解决机制，使公众可以通过以下方式追踪程序进程：确保公开提交内容，要求向公众举行听证会，并由专家组公开最终决定，确保争议期间非政府实体有权要求向专家组提交书面意见书；（3）建立各种程序，使各国及时有效地解决 TPP 协议下产生的有关争议。

19. 美日机动车贸易双边协议

目标包括：（1）确保与汽车行业有关的、能解决一系列非关税措施的可行性承诺，包括监管透明性、标准、认证、财政激励、分配；（2）加快建立适用于汽车行业的争端解决程序，包括"退回"关税作为补救措施的机制；（3）就汽车领域内的特殊保障机制达成一致，以便解决可能的进口激增；（4）建立快速的协商机制，阻止可能出现的非关税措施；（5）确保获得有意义的结果，解决跨行业与行业内的非关税措施，包括保险、透明性、投资、知识产权、标准、政府采购、竞争政策、快运和 SPS 措施等领域。

3.2　TPP 作为新一代贸易协议的重要问题解析

1. 全面的、高标准的亚太区域经济一体化协议

TPP 给美国工人和美国商业提供了一个公平竞争的环境，使

美国产生更多"美国制造"的出口品和更多高薪的工作岗位。TPP通过削减各国施加在"美国制造"产品上的超过18 000种关税，确保美国的农民、农场经营者、制造商和小型企业能够在世界上一些快速发展的市场中竞争并取得胜利。由于超过95%的世界消费者在美国的国境之外，TPP将显著地扩大"美国制造"的商品和服务，并且为美国就业提供支撑。

作为世界上增长最快的市场，亚洲的规则和经济秩序尚在确立中。如果美国不通过这一协议，主导制定亚洲秩序，而由其竞争者参与这些规则的制定，这将威胁美国的工人和就业，弱化美国在亚洲的领导力。TPP有助于增强美国经济实力，美国的经济是国家安全的基础和外在影响力的重要源泉。TPP通过要求其他国家执行美国协助设立的公平薪酬、安全工作环境和强大的环保规则来确保世界经济反映美国的利益和价值，并且TPP强化美国对这一重要区域的承诺责任，有助于强化美国和伙伴国及同盟国的关系。

自第二次世界大战以来，对美国人民和全世界而言，美国在全球贸易体系中的领导不仅在历史上前所未有的和平和繁荣时代起引导作用，整体而言还是全球领导的关键支柱。在奥巴马政府看来，这一规则主导的体系和美国经济的竞争力正被其他开放程度较小的模式所侵蚀。为应对这个挑战，他们认为美国必须在旨在增强经济实力、促进全球公平经济体系的规则制定中起领导作用。TPP就是他们实现此目标的路径。奥巴马坚信，在规则公平的情况下，美国将超过世界上任何国家。但是现状让美国的工人和商业处于不利地位，因为与美国国内相比，国外的成本更高，贸易壁垒更多，而国外工人和环境的标准更低。奥巴马政府认为，如果不能继续保持贸易领域的领导力，其他不和美国共享利益或者价值的国家将填补这一空白。

首要的是，TPP 有助于美国经济增长，这是美国实现稳定、安全和国际影响力的基础。另外，TPP 保护中产阶级、激发创新、为美国国内提供高薪工作岗位。此外，TPP 确保未来的全球经济反映美国利益和价值。为帮助全球经济复兴建设，加强美国的中心影响力，TPP 提出 3 个战略目标：（1）建立路径规则，例如强大的劳动和环境标准，以确保未来的全球贸易体系和美国的利益价值一致。（2）强化与联盟国及伙伴国的关系，以保护美国共享的全球价值体系，为其他领域更大的合作奠定基础。（3）促进包容性发展，宣称为全世界的人民创造机会，确保增长的福利被更多且更广泛地共享。

TPP 是美国重新平衡亚洲战略的具体表现，继续参与这一充满活力且快速发展的地区对美国而言是十分重要的，TPP 是美国对这一地区承诺的强有力信号，显示美国在这个地区保持对该地区繁荣和安全的领导力。但是战略的利益伸至亚太地区以外。从根本上说，TPP 体现了对于两种未来的选择。通过继续保持贸易领域的领导力，美国可以开启全球"向上竞争"的格局。在未来，建立在公开、公平之上的全球经济奖励那些遵守规则的国家，激励其他国家采用 TPP 的高标准，这样他们同样能够获益。

TPP 在战略重要领域设立强制性高标准的规则的理由如下：（1）国有企业。确保国有企业不从优惠政策和与美国商业及工人之间的竞争中获利；（2）商业机密。通过加强商业机密的保护和强制执行以保护美国创新及其提供的 4000 万美国工作；（3）开放的互联网。在 TPP 区域内维护自由开放的互联网，包括自由的数据流，禁止服务器和技术的"强制本土化"，声称为用户提供更加有效的安全和隐私保护；（4）公平市场进入。通过消除对美国出口的壁垒，确保美国的企业和工人能够在海外更有力地竞争，确保美国没有被排除在世界上发展最快的地区之外。反之，若采取的是"逐底竞争"，这将损害美国经济利益，威胁美国的就业和美国的工人利益，削弱美国的国际影响力。长此以往，低标准、不公平和越来越封闭的体系的扩张将有益于那些快速放弃区域合作共享价值的国家。因此，基于美国利益、美国经济繁荣和团结区域体系中的同盟及伙伴，也由于美国需要继续保持贸易的领导力、经济实力和美国的世界地位，所以必须在世界经济增长最快的区域，建立一个全面的、高标准的区域经济合作组织。

2. "投资者—国家争端解决"机制的引入与争议

投资者—国家争端解决（Investor – State Dispute Settlement），在投资者的资产被没收而无明确补偿，或投资者被列为歧视对象并且东道国政府没有履行"公平与公正待遇"的情况下，ISDS 条款允许外国投资者通过仲裁过程从东道国政府获得经济补偿。IS-DS 条款在韩—美自由贸易协定、韩—澳自由贸易协定、韩—加自由贸易协定、韩—越自由贸易协定中均有出现，也被引入 TPP 协定当中。涉及的五个国家均是 TPP 的缔约国，其中韩—美自由贸易协定由于含有目前最为复杂的美国贸易协定条款，被当作是 TPP 的基准模板。

加入 ISDS 条款的成员国希望更加大的法律确定性（legal certainty) 能够吸引更多的投资,从而扩大就业、提高生产、促进经济增长。从某种程度上来说,ISDS 条款由于限制了国内法院对投资争端的专属司法权,它限制了国家主权的发挥。进而对投资者—国家仲裁制度(investor – state arbitration system)的批判主要集中在五个方面:(1)ISDS 框架下,外国公司的特别待遇;(2)仲裁者的职业背景;(3)损失补偿将可能会抑制一国在健康、安全和环境保护上国家治理能力的执行;(4)ISDS 过程中的保密性;(5)仲裁团未能改变错误决定,上诉机制缺失。

其中(1)外国公司的特别待遇;(2)仲裁者的职业背景,对所有自由贸易协定中的 ISDS 条款都很常见。外国投资者以外部人的身份进入东道国的政治体系,因此需要额外的司法公正的保障,这点被许多贸易协定缔约国所认同。另外,在仲裁团人员的选取上,ISDS 的仲裁者们往往是因其在某个领域的专业性而被挑选出来的,他们通常是公司律师,而非在 WTO 上诉机构系统中担任常任法官。如果这样看待这两方面,那么对其争议的问题就可以相对解释或解决。对于剩下三个问题的争议,韩—美自由贸易协定的做法也相对可取。对于(3)抑制了国家治理能力,韩—美自由贸易协定为此设置了相对合理的章程。在韩—美自由贸易协定中附件 11 – B 关于投资的部分(3.b)提到:除了在极少情况下,例如当一项诉讼或者一系列诉讼后果极端严重或者就其目的或影响而言严重失调;或者由一方政党主导的非歧视性管制行为,意在保护合法的公共福利,如公共健康、安全、环境以及房地产价格的稳定(例如提高低收入家庭的住房条件),这些情况不应当视为间接征收(indirect expropriations)。韩—澳、韩—

加、韩—越自由贸易协定均有与韩—美自由贸易协定类似的条款，因此这些缔约国保留了可以适当程度实施治理的主权。只有当极少数情况发生，即外国投资者被严重不合理地歧视时，这一权利才可能被挑战。

对于（4）保密性，韩—美、韩—加、韩—澳自由贸易协定都解决了保密性的问题。ISDS 条款中表明听证会和相关文件会向社会公开，并且不涉及争端的第三方可以要求参加听证会。ISDS 条款同样允许涉及争端的团体可以密切关注听证会，但在一些情况下可以保留机密信息。而 ISDS 的反对者和支持者最为关注的是 ISDS 案件中上诉复审机制的缺失。由于意识到这点，韩—美自贸协定对附件 11—D 中 "双边上诉复审机制的可能性" 极其重视，其中韩美双方将会考虑建立一个双边上诉机构来复审在协定签署的三年内的仲裁决议。韩—澳、韩—加自由贸易协定都有相同考虑，但是韩—越自贸协定还没有直接解决此问题。

比较韩国与 4 个国家签署的自贸协定可以看出，美国、澳大利亚和加拿大应对 ISDS 批评采取了高度相同的规定，而越南并没有。而 TPP 中涉及投资的章节很可能会依照发达国家已采取的方式来拟定。并且 TPP 一旦建立，很有可能建立上诉机构来复审 ISDS 案件的仲裁决议。

3. 药品贸易知识产权保护的讨论与争议

美国医药行业要求其贸易伙伴在 12 年内尊重其在专利方面的特权，以防止价格竞争带来的损失。澳大利亚方面坚决要求减少 12 年的保护期限，因为超 5 年之后的每一年澳方政府都会额外花费 1 亿多澳元。这个阶段越长，对生物制药行业的保护就越久，增加了制药企业的利润，消费者和保险公司就会为此支付高昂的费用。如果缩短这个期限，不止澳大利亚一国会减少预算，美国政府估计未来 10 年也将节约 45 亿美元。TPP 谈判中的一些国家包括墨西哥、马来西亚、越南、文莱要求在研发非专利药物（仿制药物）方面不存在保护期，其他一些国家也只提供 8 年以下的专利保护。

如果把 12 年保护期调整为 8 年以下，美国的消费者将会更快地买到更便宜的药物，而那些目前没有给予医药企业任何保护的国家将会有充足的时间去培养创新。美国企业将会得到一定的保护，防止海外市场仿制者的冲击。2014 年有市场价值约 190 亿美元的 31 种药品专利保护失效。仿制药物和品牌药物的价差达到 70%。如果按这个计算，一旦对这些药物的专利保护提前一年解除，美国消费者和保险公司就可能节省高达 130 亿美元。生物药品是药物市场中增长最快的部分，包括治疗类风湿性关节炎的药物，癌症药物很多也是生物制药。美国和欧洲在研制这类药物方面处于领先地位，但是澳大利亚、日本、新加坡、中国还有印度还正处于投资研发期。

美国的医药公司认为他们要求长期保护所赚的收入只是为了弥补其当初的创新研发成本。但是数据保护是要以延缓相关药物研发进度为代价的。就算是数据可以得到，生物仿制品也比那些普通的仿制品研发成本更高。保护专利对于鼓励创新无疑很重要，但是没有证据证明需要如此长时间的保护。欧洲医药业巨头对专利的保护时间也都很短。确定一个适当的长度是很复杂的，因为医药产业有很强的动力去延长专利保护期而追求更多的利润。

现存的法律很难在消费者和行业之间做平衡，TPP 是站在美国消费者和政府的角度运行的。按照定义，贸易谈判会涉及一些需求，随之而来的就是一方的妥协，而这种妥协也是以另一方的妥协为代价的。澳大利亚和他们在这个问题上相对较强的消费者保护帮助 TPP 达到了目前的平衡。

3.3　TPP 现行谈判成果的主要概括

美国时间 2015 年 10 月 4 日，12 个跨太平洋伙伴关系国家部长宣布谈判结束，以下内容是 TPP 协议 30 个章节的概要[①]。协议章节之后附有附录以及附件，涉及货物和服务贸易、投资、政府采购和商务人士临时入境等。此外，国有企业章节的附件含有特定国家例外规定。

1. 初始规定和一般定义

许多 TPP 缔约方之间已经互相签有协议。初始规定和一般定义章节承认，TPP 可以与缔约方之间的其他国际贸易协议并存，包括 WTO 协定以及双边和区域协定。该章节还为该协议多个章节中使用的术语提供定义。

---

① 美国贸易代表办公室．信息发布 TPP 总结 ［EB/OL］．https：//ustr．gov/about－us/policy－offices/press－office/press－releases/2015/october/summary－trans－pacific－partnership．

2. 货物贸易

TPP 缔约方同意，消除和减少工业品上的关税及非关税壁垒，并消除和减少农产品上的关税和其他限制政策。在这个由 8 亿人口组成的市场中，通过 TPP 提供的优先准入促进 TPP 缔约国之间的贸易，在所有 12 个缔约国中提供高质量的就业岗位。虽然一些商品的关税需要按照 TPP 缔约方约定的更长时间表来被消除，但大多数工业产品的关税将很快得到免除。TPP 各缔约方之间达成的特定关税削减的内容包括在涉及所有货物的附录中。TPP 缔约方将公布货物贸易相关的所有关税和其他信息，以确保中小企业和大公司都能受惠于 TPP。缔约方还同意不使用绩效要求（指一些国家对公司提出的要获得关税优惠的条件，比如本地生产要求）。此外，缔约方还同意不对包括再造商品在内的货物采用不符合 WTO 进口和出口的限制和职责，以鼓励零件循环利用再造新产品。如果 TPP 各缔约方坚持进出口许可证要求，他们需要相互告知程序以提升贸易透明度和促进贸易往来。

对于农产品，缔约方将消除或减少关税及其他限制政策，此举将增进区域内的农业贸易，提升粮食安全水平。除减免关税外，TPP 各缔约方还同意通过以下方法促进政策改革：取消农业出口补贴；在 WTO 中合作制定针对国有出口贸易企业和出口信贷的准则；以及约束食品出口限制政策可使用的时间，以此更好地保障区域食品安全。TPP 各缔约方还同意提升与农业生物科技有关活动的透明度和合作水平。

3. 纺织品和服装

TPP 各缔约方同意免除纺织品和服装行业的关税，该行业对一些 TPP 缔约方的市场的经济增长贡献巨大。虽然一些敏感产品的关税经过 TPP 缔约方的同意将会在一段时间之后才会被免除，但该行业内多数关税将立刻免除。本章节还涉及到一些具体的原产地规定，要求使用 TPP 缔约方区域内的纱线和纤维织物，以此促进该行业的区域供应链和投资；同时，"原料短缺清单"机制允许使用区域内未能大量供应的纱线和纤维织物。此外，本章节还包括关于海关合作和执行的承诺，意在避免逃税、走私和诈骗；本章节也包括一份针对特定纺织品的特别保护措施，以应对进口剧增情况下对国内产业造成的严重损害或可能造成严重损害的情况。

4. 原产地规定

为了规定简单的原产地规则，促进区域供应链，并帮助确保 TPP 各缔约方（而不是非参与者）为协议主要受益方，协议内的 12 个缔约方同意执行一系列的原产地规定，明确规定某一产品是否为"原产"，从而适用 TPP 关税优惠。特定产品的原产地规定附于协议正文之后。TPP 协议采取"累积制"，一般来讲，只要是用来生产任何 TPP 缔约方的产品，TPP 某缔约方在产品中的投入将与来自其他 TPP 缔约方的材料一视同仁。TPP 缔约方还通过制定共同的 TPP 系统来设定规则，该系统能够显示和识别 TPP 区域内生产的产品符合原产地规定，以确保在 TPP 区域内能更加容易经营企业。进口商只要能够提供相关文件，就可以要求得到关税优惠待遇。此外，本章也为主管当局提供了一套程序对此进行验证。

5. 海关管理和贸易便利化

作为对 WTO 在促进贸易上的补充，TPP 各缔约方已商定规则，即加强促进贸易，提升海关程序的透明度，并确保海关管理的正直性。这些规则将通过促进海关和入境程序平稳化处理为 TPP 框架下包括中小企业在内的商业主体提供帮助，并推动区域供应链。TPP 各缔约方同意订立透明的规则，包括公布海关法规，避免货物通关时不必要的延误和扣存，或者由于海关尚未确定税费额而造成的抗议付款。TPP 各缔约方同意，完善关于海关估价和其他事务的规定，保障中小企业贸易的可预见性。各方还就海关处罚的规定达成一致，确保这些处罚制度得到公允而透明的管理。另外，鉴于快递运输对一些中小企业的重要性，TPP 各缔约方还同意，为快递运输提供海关加急手续。为帮助打击走私和逃税，TPP 各缔约方同意应要求提供信息帮助彼此执行各自海关法律。

6. 卫生和动植物检疫（SPS）措施

在制定 SPS 规则时，TPP 各缔约方强调了他们在科学的基础上确保规定的透明和非歧视性方面的共同利益，同时重申了在各自国家保护人类与动植物生命或健康的权利。TPP 在 WTO 的基础上制定 SPS 规则，用以从某种程度上确定和管理不需要贸易限制的风险。TPP 各缔约方同意，允许公众对 SPS 措施发表看法，以提醒政策制定者；各方也同意，确保贸易商明白他们需要遵守的规则。各方同意，进口程序取决于进口商品所附带的风险，并且进口检查要避免不应有的延误。TPP 各缔约方同意，某一缔约方在通知其他缔约方之后，才可以采取必要的紧急措施保护人类与动植物生命或健康。采取紧急措施的缔约方需要在 6 个月之内审核该决定的科学依据，并向有需要的任何缔约方公布审核结果。

此外，TPP 各缔约方致力于促进有关平等和区域化的信息交换，并同意推进基于系统的审计以评估出口方的监管效率。为了快速解决缔约方之间出现的关于 SPS 的相关问题，各方同意在政府间建立协商机制。

7. 技术性贸易壁垒（TBT）

在订立技术性贸易壁垒（TBT）规则时，TPP 各缔约方同意以透明而非歧视的原则制定技术规范、标准和合格评定程序，并保留缔约方实现合法目的的能力。他们同意相互合作，确保技术规范和标准不会对贸易造成不必要的壁垒。为了降低 TPP 企业（尤其是小企业）的成本，各方同意尽快接受其他缔约方合格评定机构给出的评定结果，便于公司进入 TPP 市场。根据 TPP，公众可以对技术规范、标准和合格评定程序提出意见，贸易商需要理解这些他们应该遵守的规则。此外，缔约方需要确保技术规范和合格评定程序的出台及生效之间留出合理的时间空当，令企业有足够时间满足这些新要求。TPP 协议还包含有关特定行业监管的附件，以在 TPP 范围内推广共同的监管模式。这些行业包括化妆品、医疗器材、药品、信息和通信技术产品、红酒和蒸馏酒、预包装食品和食品添加剂的专利配方，以及有机农产品。

8. 贸易救济

贸易救济章节通过最佳实践案例阐释贸易救济进程的透明性和正当程序，这一方面并不影响 TPP 各缔约方在 WTO 框架下的权利和义务。该章节提供了一个过渡性保障机制，如果因为 TPP 协议降低关税导致进口增加而对国内产业产生冲击，允许缔约方在一段特定时间内采取过渡性保障措施。该措施最长可以维持两年，并享受一年的延长期，但是措施一旦启用一年以上，必须开始渐进式地解除干预。任何采取该措施的缔约方必须遵守告知和协商要求。该章节还规定，任一 TPP 缔约方，如需申请过渡性保障措施，须按照双方商定的金额提供赔偿金。缔约方不能同时对同一产品采取一次以上的保障措施，也不能对根据 TPP 关税税率配额进口的产品采取过渡性保障措施。如果该产品的进口不会对缔约方国内市场产生严重损害或者造成威胁，则 TPP 缔约方可将该产品排除在 WTO 保障措施之外。

9. 投资

在建立投资规则方面，TPP 各缔约方设立了规则，用以要求非歧视性投资政策和保护措施，确保法律保护的基本规定，同时保护缔约方政府实现合法公共政策目标的能力。TPP 在其他投资相关协议中提供基本的投资保护，包括：国民待遇；最惠国待遇；为符合国际法惯例的投资提供的"最低待遇标准"；禁止非公共目的、非正当程序、无赔偿的征收；禁止如当地含量或技术本地化等生产要求；投资所涉资金享受自由转账，但是，在一些例外规定下，缔约方政府仍然有权管理不稳定的资金流，包括当出现收支失衡或面临风险时，出现其他经济危机或者为了保护金融系统的完整性和稳定性时，可以采取非歧视性的暂时性保障措施（比如资金控制）来限制投资资金转账；充分拥有任命任何国籍的高级管理层的自由。

TPP 各缔约方以"负面清单"为依据，意味着其市场应向外国投资者充分开放，它们援用两个特定国家附件中的任一例外规定（不符合措施）而拒绝开放的领域除外。两个例外规定包括：

（1）当前措施，包括该缔约方关于未来不再收紧有关措施以及实施自由化的承诺；（2）一国在未来保留完整自由裁量权的措施和政策。

该章节提到，TPP为投资纠纷提供中立而透明的国际仲裁渠道，防止出现滥用主张和无意义主张，并确保政府在公共利益上的监管权利，包括医疗、安全和环保。程序化的保障措施包括：透明的仲裁程序、法庭之友提交仲裁、非争议一方提交仲裁；无意义主张的快速审查以及有关律师费用的可能的裁决；临时裁决的审核程序；缔约方的有约束力的联合解释；提出主张的时间限制；防止同一原告在另一个并行的法律程序中提出同样的主张。

10. 跨境贸易和服务

鉴于服务贸易对TPP各缔约方与日俱增的重要性，这12个国家在框架内共享自由贸易的利益。TPP包含了在WTO和其他贸易协议中存在的核心义务，包括：国民待遇；最惠国待遇；市场准入，即TPP各缔约方不能对服务供给采取量化的限制措施（例如限制供应商数量或交易数），也不能要求只允许某一类法律实体或合资企业进入，这意味着某缔约方不能要求来自另外一个缔约方的供应商必须在领土范围内设立办公室或者附属机构，抑或成为本国居民在国土范围内提供服务。

TPP各缔约方同意，通过合理、客观而公正的方式管理普遍适用于各缔约方的措施；在制定新的服务规定时开放透明。一些空壳公司或者是来自非缔约方的服务供应商，将不能受益于此。TPP各缔约方同意，允许跨境服务的相关资金免费转账。此外，该章节还包含了一个专业服务附件，鼓励各方在执照认可和其他监管范畴进行合作，以及另一个关于快递服务的附件。

11. 金融服务

TPP 金融服务章节在跨境和投资市场准入方面提供了重要机遇，同时确保缔约方维持监管金融市场和金融机构的能力，以及在危急关头采取紧急措施的能力。该章节包括见于其他贸易协定的核心义务，包括：国民待遇、最惠国待遇、市场准入等，以及本协议投资章节下的特定规定，包括最低待遇标准。允许 TPP 缔约方的供应商向其他 TPP 缔约方境内直接跨境销售特定金融服务，而非要求供应商必须在对方国家建立分支机构才能进行销售——但须在对方国家进行跨境金融服务供应商注册或取得授权。凡某 TPP 缔约方允许其国内公司在其境内市场开办的金融新业务，其他 TPP 缔约方的供应商也可向该 TPP 缔约方的境内市场开办同类业务。TPP 各缔约方可享受一些特定国例外规定，前提是按照 TPP 两个附件中的规定列出：（1）当前措施，包括该缔约方关于未来不再收紧有关措施以及实施自由化的承诺；（2）一国在未来保留完整自由裁量权的措施和政策。

TPP 各缔约方也制定了规则，在正式承认监管程序重要性的前提下，便利执照供应商提供保险服务，并制定程序以促成这一结果。此外，TPP 还包括一些特殊承诺，涉及资产组合管理、电子支付卡服务以及数据处理服务中的信息传输等方面。

为解决某些规定产生的争议，金融服务章节设立了中立和透明的投资仲裁机制。它包括针对最低待遇标准方面的投资争议的特殊规定，要求仲裁员具有金融服务专长的规定，以及一项特别的国对国机制，以方便在投资争议的背景下应用该章节中的审慎

例外规定及其他例外规定。最后，它还包括一些例外规定，使得
TPP 缔约方的金融监管者可以保留广泛的自由裁量权，以采取措
施增进金融稳定性和金融体系严整性，包括一项审慎例外规定和
在实施货币或其他政策时可采取非歧视性措施的例外规定。

12. 商务人士临时入境

商务人士临时入境章节鼓励 TPP 各缔约方当局提供临时入境
申请信息，以确保申请费用合理，并尽可能迅速处理申请并通知
申请人。TPP 各缔约方同意，确保公开有关临时入境条件的信息，
包括及时发布信息（如可能，在互联网上发布），并提供说明材
料。各方同意继续在签证处理等临时入境问题上加深合作。几乎
全部 TPP 缔约方都已相互承诺对方的商务人士可以入境，详见特
定国附件。

13. 电信

TPP 各缔约方在确保各自国内的电信网络有效而可靠方面具
有共同利益。对于大小企业提供服务而言，这些网络至关重要。
TPP 的鼓励网络接入竞争规则也适用于移动网络供应商。TPP 各
缔约方承诺，确保其境内的主要电信服务供应商提供互联网接
入、线路租用、主机代管、电塔电杆和其他设施的使用等等服
务，且条件合理，服务及时。缔约方还承诺，在需要牌照的领
域，将确保监管过程透明且不歧视特定技术，对于稀缺电信资源
的分配和使用，包括频率、号段、网路权等，承诺以一种客观、
及时、透明和非歧视的方式进行管理。TPP 各缔约方承认在电信
领域依靠市场力量和商业谈判的重要性。缔约方也同意将采取措
施，促进国际移动漫游服务的竞争，并鼓励漫游的替代业务。

TPP 各缔约方同意，如果某缔约方对国际移动漫游批发服务实施价格管制，那么该方应允许来自没有相关价格管制国家的运营商享受低价的优势。

14. 电子商务

在电子商务章节中，TPP 各缔约方承诺，确保互联网和数字经济的驱动力——全球信息和数据的自由流动，但须遵循合法的公共政策目标，例如个人信息保护等等。12 个缔约方也同意，TPP 范围内的企业在 TPP 任一市场上开展业务，不以在当地设立数据中心为条件，也无须提交或开放软件源代码。该章节禁止对电子交易征收关税，禁止 TPP 各缔约方为偏袒国内生产商或供应商而采取歧视措施或网络封锁。为保护消费者，TPP 各缔约方同意采纳并维持消费者保护的有关法律，打击欺诈和欺骗性商业活动，在 TPP 各市场上确保隐私保护和其他消费者保护方面的执法。要求各方采取措施，制止未经请求的商业电子信息。为了促进电子商务的发展，该章节的一些规定鼓励 TPP 各缔约方推动企业间无纸化贸易和政府无纸化办公，例如电子海关报表等；也鼓励其为商业交易提供电子认证和签名服务。该章节的一些义务，可援用 TPP 成员不符合措施进行规避。12 个缔约方同意携手合作，帮助中小企业利用电子商务，该章节还鼓励在个人信息保护、在线消费者保护、网络安全威胁和网络安全能力等方面加强政策合作。

15. 政府采购

TPP 各缔约方在遵循透明、可预期、非歧视规则的政府采购大市场的互相准入方面具有共同利益。在政府采购章节中，TPP

各缔约方承诺实行国民待遇和非歧视的核心原则。缔约方还同意，及时公开有关信息，留给供应商充足的时间，以获取投标文书并进行投标。此外，各方同意，使用公平且客观的技术规范，仅仅依据招标公告和标书上所明示的标准决定中标结果，且设立正当法律程序以便质疑或评估申诉的结果。所有缔约方均同意接受该章节所涉及的实体和活动的正面清单，具体见附件。

16. 竞争政策

在本地区确保公平竞争的框架，通过规则要求 TPP 各缔约方的法律体系禁止反竞争商业行为，以及欺诈和欺骗性商业活动等有害消费者的行为，该项符合 TPP 各缔约方的共同利益。

TPP 各缔约方同意，采纳或维持国内竞争法，禁止反竞争商业行为，努力将这些法律适用于境内的一切商业活动。为确保这些法律得到有效实施，TPP 各缔约方同意建立或维持有关官方机构，负责国内竞争法的执法，并通过或维持相关法律和规定，禁止反竞争商业行为，以及欺诈和欺骗性商业活动等有害消费者的行为。各方也同意，在与竞争活动相关的涉及双边利益的事务上酌情开展合作。12 个缔约方同意，有义务确保正当程序和程序公平，确保在遭受到违反某国国内竞争法的行为所造成的伤害时，私人诉讼的权利。此外，TPP 各缔约方同意，在竞争政策和竞争法执法的实施领域开展合作，其方式包括告知、协商和交换信息。该章节不受 TPP 争议解决规定的约束，但 TPP 各缔约方可就其所关心的涉及该章节的问题进行协商。

17. 国有企业（SOE）和指定垄断企业

所有 TPP 缔约方都有国有企业，它们在提供公共服务和其他活动上发挥重要作用，但 TPP 各缔约方承认，同意建立一个管理国企的框架是有益的。国有企业涉及覆盖那些主要从事商业活动的大型国企。各方同意，确保其国企基于商业考虑进行商业采购和销售，除非这样做不符合国企在提供公共服务时所被赋予的使命。各缔约方也同意，确保其国企或指定垄断企业不歧视其他缔约方的企业、货物和服务。各方同意，外国国企在本国境内商业活动的管辖权归属本国法院，各方将确保行政部门在监管国企和私营企业时一视同仁。TPP 各缔约方同意，不以向国企提供非商业性帮助的方式，对其他 TPP 缔约方的利益造成负面影响，也不以向在其他缔约方境内生产并销售产品的国企提供非商业性帮助的方式，对其他缔约方的国内产业造成损害。TPP 各缔约方同意，互相分享各自的国企名单，并在对方提出要求的情况下，提供其他信息，用以说明政府对有关国企的所有权、控制权和所提供的非商业性帮助的范围和程度。该章节的义务有一些例外规定，例如，在发生国内或全球经济紧急事件时的例外规定，以及附件中的特定国例外规定清单所规定的例外规定。

18. 知识产权

TPP 的知识产权（IP）章节覆盖专利、商标、版权、工业设计、产品地理标志、商业秘密和其他形式的知识产权，以及知识产权执法和各方同意合作的一些领域。知识产权章节可使企业在新市场上检索、注册、保护知识产权变得更容易，这对小企业尤其重要。

基于 WTO 的 TRIPS 协定和国际最佳实践，该章节为专利设立了标准。在商标方面，它对品牌名称和企业与个人用来在市场上区别其产品所使用的其他标志提供保护。该章节还要求在保护产品地理新标志（包括被承认和得到国际协定保护的产品地理标志）方面具备一定的透明度和正当法律程序保障。这些包括，确认商标和地理标志之间的关系，以及关于通用语汇使用的保障等等。

此外，该章节包含药物相关的一些规定，可促进创新、急救药物的开发以及推广基因医药的使用，但同时也考虑到了不同缔约方达到标准所需要的时间。该章节的一些承诺涉及对非披露测试数据以及新药或农用化学制品为获得上市许可所提交的其他数据的保护。它还重申了各方在 WTO 的《2001 年 TRIPS 协定和公共健康宣言》中所做出的承诺，尤其是确认了各方出于保护公共健康的目的所采取的措施（包括防控艾滋病等流行病方面的措施）不应受到阻挠。

在版权方面，知识产权章节确立了一些承诺，要求保护著作、表演和音像作品，包括歌曲、电影、书籍和软件，也包含了一些技术保护措施和权利管理信息方面有效而平衡的规定。作为对这些承诺的补充，该章节包含了一项义务，要求各方持续努力，探索维持版权体系平衡态势的方法，例如依据合法的目的出台一些例外规定和限制措施，包括在数字环境下的措施。该章节要求各方为互联网服务提供商（ISP）建立或维持一个版权安全港框架。这些义务不允许各方以提供此类安全港为条件要求 ISP 监控其系统内的侵权行为。

最后，TPP 各缔约方同意，打造强有力的执法体系，包括民事程序、临时措施、边境措施以及针对伪造商标和版权剽窃等行为的刑事程序和刑罚。尤其是 TPP 各方将提供法律手段，防止非法占有商业秘密，并设立刑事程序和刑罚以制裁窃取商业秘密（包括网上窃取）和偷拍。

19. 劳工

全体 TPP 缔约方都是国际劳工组织（ILO）的成员，都承认促进国际劳工权益保障的重要性。TPP 各方同意，在其法律和实践中纳入和维持 1998 年国际劳工组织宣言所承认的基本劳工权利：组织和参与工会的自由和集体谈判的权利，消灭强迫劳动，消灭童工现象和禁止某些极端恶劣的童工形式，消除雇佣歧视。缔约方也同意制定法律规定最低工资、最长工作时间、职业安全和健康条件等。这些承诺也适用于出口加工区。12 个缔约方同意，不以吸引贸易或投资为由，放弃或削弱法律对基本劳工权利的保障；不对劳动法的可持续实施打折扣，进而影响 TPP 各缔约方之间的贸易或投资。除了各方承诺的在本国消灭强迫劳动，该章节还包含一些承诺，阻挠进口由强迫劳工或童工所生产的货物，或包含强迫劳动成分的货物，不论其产地是否是 TPP 缔约方。12 个 TPP 缔约方均承诺，确保劳工可获得公平、平等和透明的行政及司法程序，对违反劳动法的情况提供有效法律救济。缔约方也同意号召公众参与劳工章节的实施，包括建立获取公共投入的机制。

该章节中的承诺受争议解决章节中所列的争议解决机制约束。为在 TPP 各方之间快速解决劳动问题，劳工章节也将建立一个劳工对话机制，由各方自愿选择，以解决发生在各方之间的劳工问题。这一对话机制可使各方快速研究问题，并达成双边谅解，以形成解决问题的行动方案。劳工章节将建立一个劳动问题合作机制，包括邀请利益相关方参与，以确定合作和参与领域，并酌情且在共同一致的情况下发起合作行动。

20. 环境

作为全世界很大一部分人民、野生动植物和海洋生物的家园，TPP 各缔约方共同做出强有力的承诺，保护环境，包括共同努力应对污染、非法野生动物贩运、非法砍伐、非法捕捞和保护海洋环境等环境挑战。12 个缔约方同意，切实执行本国环境法律，不以鼓励贸易或投资为由削弱环境法律的力度。他们还同意履行其在《濒危野生动植物贸易国际公约》（CITES）下做出的承诺，采取措施打击并联手遏制野生动植物非法贸易。此外，各方同意，促进可持续的森林管理，保护本国认定的濒危野生动植物，包括出台措施保持自然保护区（例如湿地）的生态完整性。为了保护我们共同的海洋，TPP 各缔约方同意实施可持续的渔业管理，促进对重要海洋物种（包括鲨鱼）的保护，打击非法捕捞，禁止某些最具危害的渔业补贴，如对过量捕捞鱼群有不利影响的补贴和支持非法、不申报或不受监管的捕捞行为的补贴。缔约方还同意，提升此类补贴计划的透明度，尽最大努力克制新增导致过度捕捞和过度产能的补贴。

TPP 各缔约方还同意，保护海洋环境免受航运污染以及保护臭氧层免受臭氧消耗物质的破坏。他们重申其在各多边环境协定中所做出的承诺。各方承诺在环保决策、实施和执法方面提升透明度。此外，各方同意，为公众参与实施环境章节提供机会，包括在成立环境委员会中引入公众参与机制和环节以监管该章节的实施。该章节受争议解决章节中所列的争议解决机制的约束。各方进一步同意，鼓励环保志愿倡议，例如企业社会责任项目等。最后，各方承诺加强合作，以关切共同利益和事务，包括生物多样性的保护和可持续利用、向低排放和可再生经济转型等等。

21. 合作与能力建设

TPP 的 12 个缔约方的经济模式多种多样。各方承认，TPP 中较不发达的缔约方在履行条约时或将面临特别的挑战，同时也能利用 TPP 所创造的各种机遇。为应对这些挑战，合作与能力建设章节要求设立一个合作与能力建设委员会，以明晰以及评估那些有合作潜力以及能够进行能力建设的领域。缔约方的行动将基于各方共同认可的基础以及借助容易获取的资源。该委员会将促进各方的信息交换，帮助解决合作与能力建设进程中的相关要求。

22. 竞争力与商业促进措施

竞争力与商业促进措施章节旨在帮助 TPP 挖掘其潜力，改善缔约方以及亚太地区整体的竞争力。该章节将建立正式的机制，通过政府间以及政府与商界、民间团体的对话等形式，评估 TPP 对缔约方竞争力的影响。其中，尤为关注区域供应链的深化。这一机制将评估 TPP 进展，缔约方对新契机的利用，或者应对在 TPP 执行中可能出现的任何挑战。TPP 会建立竞争力与商业促进措施委员会。委员会成员将定期会晤，以审查 TPP 对地区和国家竞争力的影响，此外还会审查 TPP 对区域经济整合的影响。委员会也会考虑来自利益相关者就 TPP 如何进一步促进竞争力，包括鼓励区域供应链中的微型和中小企业参与的建议与意见。该章节也建立了一个供委员会评估供应链绩效的基本框架，包括促进中小企业参与供应链的方式；对利益相关者的评估以及相关专家的引入。

23. 发展

TPP 各缔约方争取确保 TPP 成为贸易与经济融合的高标准模式，尤其确保 TPP 所有缔约方能完全获得 TPP 带来的完整利益，充分履行其承诺，成为拥有强大市场的繁荣社会。发展章节包含 3 个具体领域，在 TPP 对各缔约方生效后，为协调工作应对这 3 个领域予以考虑：（1）广泛的经济增长，包括可持续发展、减贫、促进小企业发展；（2）女性与经济增长，包括帮助女性提高技能，鼓励女性接触市场，了解科技与金融发展，建立女性的领导网络，确立弹性工作制的最佳实践方式；（3）教育、科技、研究和创新。该章节将建立 TPP 发展委员会，成员将定期会晤，以促进上述领域的合作以及新机遇的发现。

24. 中小企业

TPP 各缔约方在促进中小企业参与贸易方面具有共同利益，同时要确保中小企业共享 TPP 的利益。在落实 TPP 其他章节中关于市场准入、文案削减、互联网准入、贸易促进、快递等其他要求时，中小企业章节包含 TPP 各缔约方保证建立一个针对中小企业的用户友好型网站，方便中小企业通过该网站获取 TPP 相关信息，以及小型企业从 TPP 中获益的方式，比如，与中小企业相关的 TPP 规定的描述；知识产权相关的规则与程序；外国投资规则；商业注册程序；雇佣规则；税收信息等。此外，该章节将建立中小企业委员会，成员将定期会晤，评估 TPP 服务于中小企业的成效，进一步促进中小企业从 TPP 中获益的方式。通过出口咨询、援助、培训项目等方式监管支持中小企业合作或能力建设的措施；信息共享；贸易、金融与其他方式。

25. 监管一致性

TPP 的监管一致性章节将通过鼓励透明性、非歧视性、政府间合作等方式，确保在 TPP 缔约方的市场中营造一个公开、公平、可预见的监管环境，以实现各方监管一致性。具体而言，该章节将通过建立有效的咨询、合作等机制，实现这一目标。同时，鼓励引进广受好评的监管措施，比如对试行规则的影响评估措施等。该章节也将致力于使监管表述更为精准、明晰，这样公众才能知晓新监管措施的相关信息。在条件允许的情况下，也会在互联网上公开。同时，也将定期对现存的监管措施进行审查，以确保其仍是实现既定目标最有效的措施。此外，鼓励 TPP 各缔约方每年就其希望执行的监管措施对公众进行提醒。为此目的，该章节将建立相关委员会，为 TPP 缔约国、企业、民间团体不断提供机会，以反馈 TPP 相关监管措施的执行、最佳实践经验的分享以及潜在合作领域的探寻。该章节不影响 TPP 各缔约方监管成员国公众健康、安全与其他公共利益的权利。

26. 透明度与反腐

透明度与反腐章节旨在促进 TPP 各缔约方共同的目标，即加强良好治理、警示敲诈与腐败给其国家经济带来的侵蚀性影响。在该章节中，TPP 各缔约方需要确保其普遍适用的与 TPP 范围内的任何事项有关的法律、规则和行政规章为公众所知晓；影响各缔约方间的贸易或投资的规则必须进行公告与评议。TPP 各缔约方同意确保 TPP 利益相关者某些与行政诉讼相关的正当程序权利，包括通过非歧视性执法或行政法庭促进监管。TPP 各缔约方也同意采取或维持对公职人员获取不当利益的定罪或请求，以及其他影响国际贸易或投资的腐败行径。各缔约方也同意有效加强其国内反腐败法与规则的执行。此外，各缔约方同意力争采取措施规范其国内公职人员的行为，明确界定和管理利益冲突，加强对公职人员的培训，逐步采取措施规范赠予行为，鼓励举报腐败行径，以此约束涉嫌腐败的公职人员。在该章节的附件中，TPP各缔约方同意促进医药产品或医疗设备上市或报销的透明度与程序公正。附件中的承诺不受争议解决程序的约束。

27. 管理与制度规定

管理与制度规定章节设立了制度框架。按照该框架，各缔约方将评估与遵循 TPP 的实践，尤其是建立由部长或高级官员组成的 TPP 委员会，监管 TPP 条款的落实与执行情况，同时指导 TPP 未来发展。该委员会将会定期评估各缔约方的经济与伙伴关系，确保各缔约方在面对贸易与投资挑战时，该协议依旧有效。该章节也需要各缔约方指定一个整体的联络点，以便促进各方间的交流。同时，当一方处于特殊的责任过渡期时，必须申报工作的进展与未来计划。此举将有效确保更大的透明度，以及各方落实义务的情况。

28. 争议解决

争议解决章节旨在允许缔约方迅速解决 TPP 落实进展中出现的争议。TPP 缔约方将努力通过合作、协商解决争议并适时鼓励使用替代性纠纷解决方式。当上述方式不能解决，TPP 各缔约方必须通过非歧视性、公平的渠道解决这些争议。该章节中的争议解决机制对整个 TPP 都适用，但有少数例外。TPP 各缔约方的公众能知晓争议解决的进程，因为争议中的意见书将向公众公开，听证也会向公众公开，呈交给专家组的最终报告也会向公众公开，除非当事双方另有约定。在争议解决程序中，专家组也会考虑争议中任一方的非政府组织就争议向专家组提供书面意见的请求。

如果就一问题的协商失败，各缔约方可请求建立一个专家组。该专家组必须在收到协商建议当日起的 60 天内，或与易损货物有关的申请日起 30 天内建立。专家组将由 3 位非当事国的国际贸易专家或与此相关的专家组成。专家组建立的程序也必须确保，即便一缔约方无法在既定时间内指定一位专家，也能构成相关专家组。这些专家组成员必须遵循一系列行为准则，确保争议解决机制的廉洁。在最后一位小组专家确定后的 150 天内，或者紧急情况下（例如与易损货物有关）的 120 天内，专家组专家将向争议双方递交初步报告。初步报告将会保密，以便争议方能提供评论。在提交初步报告后 30 天内，必须提交最终报告，并且在 15 天内向公众公开，遵循报告中的信息保密原则。

为了将合规性最大化，若发现一方因不遵照义务执行而不符合义务要求，该争议解决章节允许使用贸易制裁（比如，中止相关利益）。在使用贸易制裁前，被发现违约的一方可协商或仲裁一段合理的期间，以在该期间内对违约进行补救。

29. 例外规定

例外规定章节确保所有 TPP 缔约方在履约时具有灵活性，即保障缔约方管理该国公共利益的完全权利，包括缔约方的基本安全利益与其他公共福利。该章节结合了 1994 年《关税总协定》（GATT）中第二十条关于货物贸易相关规定的一般例外规定，强调 TPP 中的任何内容不得解释为防止缔约方采取或执行为保护公共道德，保护人类、动植物生命或健康，保护知识产权，执行鉴于劳工产品相关的措施，以及执行对可耗尽自然资源的保护措施。

本章节也包含了《服务贸易总协定》中第十四条关于服务贸易相关规定的一般例外规定。

该章节还包含了自定例外规定，适用于所有 TPP 内容，明确表明一方有权采取其所认为的必要措施保护其基本安全利益。此外，也规定了一方可能采取临时性的保护措施（比如资本控制）以限制涉及投资的交易——比如对出资、利润和股息转移、利息或特许权使用费的支付，以及根据合同支付的款项——的情况和条件，确保政府在经济危机或其他危险情况下，能保留对资本流动的灵活管理。此外，该章节也强调，如果 TPP 框架下的信息违反缔约方国内的法律或者公共利益，或损害特定企业的合法商业利益，任何缔约方都没有义务提供相关信息。如果投资者—国家间争议的裁决结果挑战了该国的烟草控制措施，那该缔约方可以否认这个裁决结果是有益的。

30. 最终规定

最终规定章节规定了 TPP 生效、修订的方式，未来其他国家或者单独的关税区加入 TPP 的规则，缔约方退出的途径以及 TPP 的确准文字。该章节也为协议指定了保管人进行文件的收发。

该章节确保 TPP 能在各缔约方同意的基础上，完成各缔约方适用的法律程序并书面通知保管人之后得到修订。该章节强调，正如各缔约方的约定，TPP 对于亚太经合组织（APEC）的任何成员和其他国家或单独的关税区都持开放态度，后者完成相应的法律程序后，也可加入。最终条款章节也说明了缔约方退出 TPP 的程序。

第 4 章

TPP 成员的贸易特征分析

4.1 TPP 成员的贸易统计

4.1.1 美国对外贸易的总体规模和商品结构分析

2014 年美国货物出口额 16 197 亿美元，进口额 23 460 亿美元，贸易赤字 7 263 亿美元，进出口总额 39 658 亿美元。从 1998 年—2014 年美国进出口的变化（图 4.1）可以看出，这 17 年间，美国货物进口额始终大于出口额，其中 1998 年—2008 年，货物进口额和出口额都保持持续增长，但是进口增速大于出口增速，2009 年受金融危机的影响，进出口额大幅跌落，并且进口下跌尤为显著。2010 年开始，美国进出口开始缓慢复苏，但是增速却显著下降。经过后金融危机的贸易政策，美国的货物贸易逆差开始缩小，2014 年货物贸易逆差小于 2007 年的水平。我们相信，奥巴马的出口振兴策略在这一贸易逆差的缩小中，发挥了重要作用。

从美国货物出口的去向来看，2014年排在前10位的贸易伙伴依次是：加拿大、墨西哥、中国、日本、英国、德国、韩国、荷兰、巴西、中国香港。从图4.2可以看出，位于前三位的贸易伙伴的进口额，远远大于其他的前十贸易伙伴。其中，美国对加拿大、墨西哥、中国的货物出口额均大于1000亿美元，加拿大市场达到了3124亿美元，是墨西哥市场的1.3倍、中国市场的2.5倍，这样大规模的货物出口额，使得加拿大成为整个TPP进程中，美国最有动力巩固的贸易伙伴。其余7个伙伴国的进口额相加才达到3412亿美元。从前10位贸易伙伴的构成来看，北美占两席、亚洲占4席、欧洲占3席、南美仅1席，亚洲仍然是活跃经济体的聚集地，快速增长的发展中地区未来仍拥有广阔的潜力；除此之外，由于欧洲发达国家与美国人均收入较接近，在欧洲地区可以为美国的高价值商品、高技术密集的产品找到匹配的市场，实现更多的高工资就业。所以，我们相信，在达成了TPP协议之后，美国还将快速推动TTIP的进程。

分析美国货物出口排名前十的商品，如图4.3所示，我们发现，机械产品、电子设备、矿物燃料蒸馏产品、车辆、航空器、技术设备和医疗设备、塑料制品以及医药产品，共同构成了美国货物出口的核心产品。这些机械、电子设备，车辆及航空器，还有技术、医疗设备以及药品，表现出了明显的技术密集、资本密集的特性，这些产品与世界工厂的亚洲出口的纺织品、服装、玩具、箱包等形成了鲜明的对比，美国的出口商品显然能实现更多的增加值回报。

图 4.1　1998—2014 年美国货物贸易额统计

数据来源：作者根据 UN Comtrade database 数据整理。

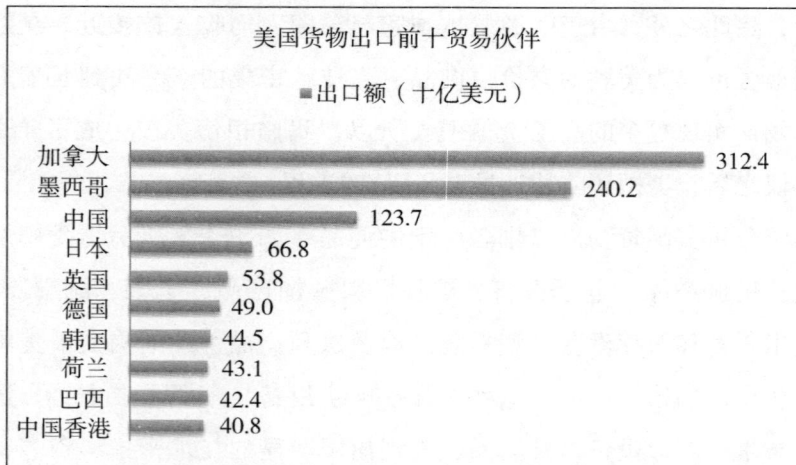

图 4.2　2014 年美国货物出口额前十位的贸易伙伴

数据来源：同上。

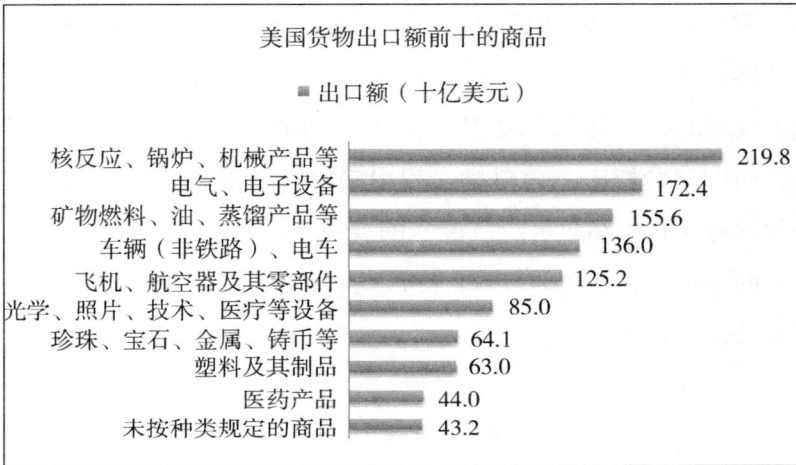

美国货物出口额前十的商品

■ 出口额（十亿美元）

核反应、锅炉、机械产品等　219.8
电气、电子设备　172.4
矿物燃料、油、蒸馏产品等　155.6
车辆（非铁路）、电车　136.0
飞机、航空器及其零部件　125.2
光学、照片、技术、医疗等设备　85.0
珍珠、宝石、金属、铸币等　64.1
塑料及其制品　63.0
医药产品　44.0
未按种类规定的商品　43.2

图 4.3　2014 年美国货物出口额前十位的商品

数据来源：同上。

美国出口贸易中，尽管货物贸易和服务贸易相比出口规模超出不止一倍，占了很大比重，如 2013 年货物出口额 15 776 亿美元，而美国当年服务出口 6711 亿美元，前者是后者的 2.35 倍，但是同世界其他国家相比，美国服务贸易出口却具有不可匹敌的优势，是当今世界第一大服务出口国。但是由于服务贸易的研究和统计一直落后于货物贸易，以及 UN Service database 美国 2012年的服务出口数据缺失，最近服务数据仅到 2013 年，并且没有2013 年的区分目的国的分项数据，因此下图 4.4 只列出了 2000—2011 年的美国服务贸易统计。从服务出口总额来看，除 2001 年、2009 年略有下降外，各年总体保持了上升趋势，12 年间，平均年增长 6.77%。其中服务出口额排名前三位的服务分别是旅游（25.78%）、特许权使用和许可费（19.25%）、其他商业服务

（17.90%），总计约占 62.93%，与中国这样的发展中国家服务出口结构截然不同（中国排名前两位的分别是旅游和运输），表现出了较强的技术密集的特性。鉴于美国服务的技术、管理等优势，在 TPP 合作中，美国将会利用协议给服务贸易带来的便利，还包括对互联网和数字经济准入的放宽，以及对知识产权的更加严格的保护，我们相信，TPP 协议执行后会给美国服务出口带来更大的促进效果。

美国服务出口总额

289.1　278.1　285.7　295.7　343.4　377.5　422.5　491.2　535.7　511.6　557.6　619.2

2000　2001　2002　2003　2004　2005　2006　2007　2008　2009　2010　2011

◆—— 出口额（十亿美元）

图 4.4　2000—2011 年美国服务出口额

数据来源：作者根据 UN Service database 可获数据整理。

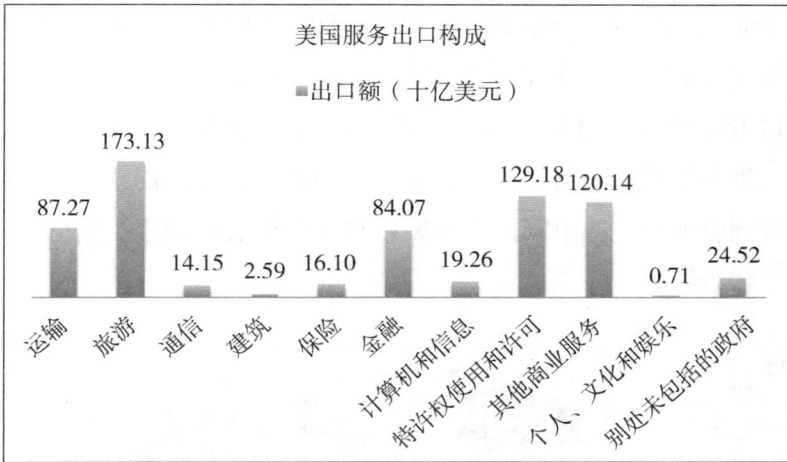

图4.5　2013年美国服务出口构成

数据来源：同上。

4.1.2　美国对外贸易的地理分布分析

1. 美国对外贸易的全球分布

（1）出口贸易

利用数据库工具，将美国货物贸易的出口地区根据贸易额不同做出全球分布图，如图4.6所示。颜色由深至浅代表美国出口总额在这些地区的分布由多至少（基于百分位数计算）。其中黑色分别有：加拿大排名第一（占美国出口总额19.3%），墨西哥排名第二（占14.8%），中国内地排名第三（占7.6%）；排名第4~56位的用灰色或灰黑色代表，日本第四（4.1%）、英国第五（3.3%）、德国第六（3.0%）、韩国第七（2.7%）、荷兰第八（2.7%）、巴西第九（2.6%）、中国香港第十（2.5%）、比利时第十一（2.1%）、法国第十二（2.0%）、新加坡第十三

75

（1.9%）、亚洲其他未列明国家为第十四（1.6%）、澳大利亚第十五（1.6%）。前十五位出口目的地的出口额加总，约占美国2014年出口总额的85%以上，可见美国出口国别结构集中度非常高。进一步观察地图上出口份额较大的地区，我们能够发现，除了欧洲腹地的一些国家，这些黑色和灰色代表的国家主要分布在太平洋沿线。

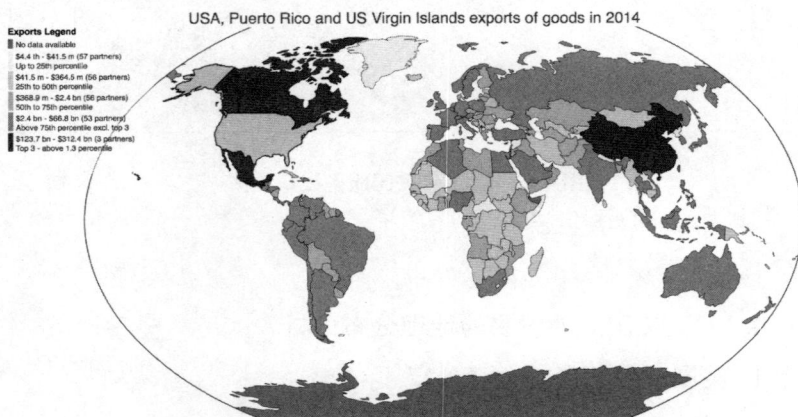

图 4.6　2014 年美国货物贸易出口分布图

资料来源：International Trade in Goods based on UN Comtrade data，Developed by the Department for Business Innovation and Skills（UK）。

（2）进口贸易

类似的，将美国货物贸易的进口地区根据贸易额不同做出全球分布图，如图4.7所示。从进口情况来看，颜色由深至浅代表美国进口总额在这些地区的分布由多至少（基于百分位数计算）。其中黑色分别有：中国内地排名第一（占美国进口总额19.9%），加拿大排名第二（占14.8%），墨西哥排名第三（占12.5%）；

排名第 4～55 位的用灰色或灰黑色代表，日本第四（5.7%）、德国第五（5.3%）、韩国第六（3.0%）、英国第七（2.3%）、沙特第八（2.0%）、法国第九（2.0%）、印度第十（1.9%）、意大利第十一（1.8%）、亚洲其他未列明国家排第十二（1.7%）、爱尔兰第十三（1.4%）、瑞士第十四（1.3%）、越南第十五（1.3%）。前十五位进口来源的进口额加总，约占美国 2014 年进口总额的 75% 以上，其中前五位的进口来源国占比达到 58.2%，可见美国进口来源较依赖排名前五的来源国，重点集中在东亚和北美地区。

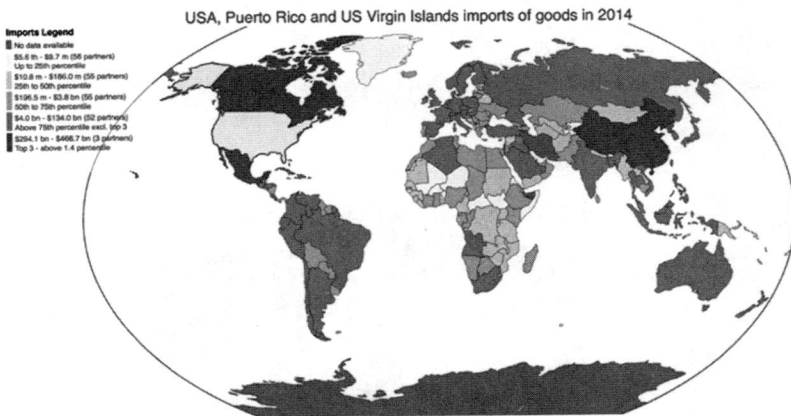

图 4.7　2014 年美国货物贸易进口分布图

资料来源：同上。

（3）对外贸易差额

从贸易顺差视角进行分析（如图 4.8 所示），非常直观的，其中灰色代表贸易盈余，共 129 个伙伴国，分布在南美、非洲、中亚、西亚以及大洋洲，北美的传统贸易伙伴加拿大、墨西哥均给美国带来了贸易赤字（贸易赤字伙伴国共 92 个），其中美国对加拿大贸易赤字 344 亿美元，美国对墨西哥贸易赤字 538 亿美元，亚洲在 TPP 框架下或 FTA 下的重要贸易伙伴，日本、韩国、越南、马来西亚都为美国带来了赤字，其中日本 672 亿美元、韩国 250 亿美元、越南 249 亿美元、马来西亚 174 亿美元；TPP 成员中南美成员表现较好，智利、秘鲁都为美国带来了顺差，其中智利 70 亿美元、秘鲁 40 亿美元，而这种顺差规模是相对较小的。TPP 成员中在为美国创造顺差方面表现更好的地区集中在大洋洲，可以想象，虽然非洲也普遍表现出顺差，但是和南美类似，该地区的经济体以发展中和欠发达经济体为主，进口能力有限，但是同为发达国家的澳大利亚，对美国商品有着巨大的进口需求，澳大利亚为美国创造了 160 亿美元的顺差（新西兰进口需求较少，为美国创造顺差仅 2.8 亿美元）。

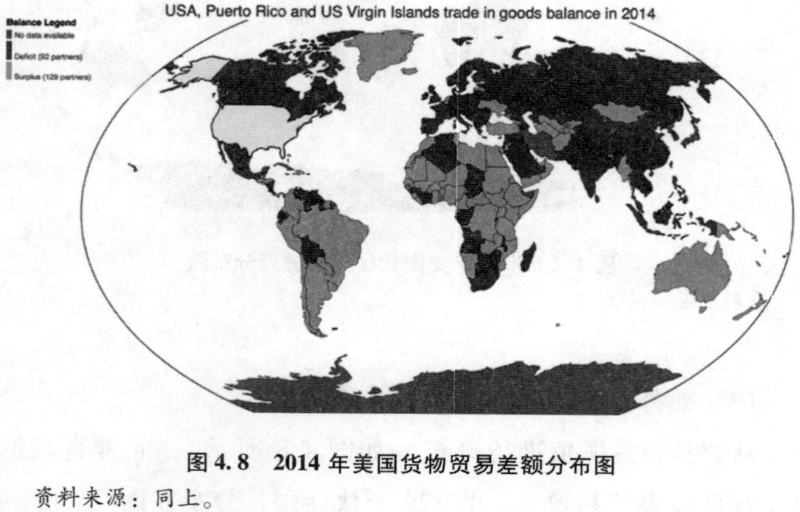

图 4.8　2014 年美国货物贸易差额分布图

资料来源：同上。

因此，我们从美国贸易地理分布的版图上，可以初步分析出美国设计跨太平洋伙伴协议的成员选择原则和选择策略，将重要的出口市场凝聚到一个大型的 FTA 协议框架之下，进一步增加在这些出口市场的份额，提高美国商品的出口优势，带动经济增长的同时，实现更多有吸引力的就业。然而这种 FTA 合作是不是一定以顺差的实现为前提？从进口分布来看，加拿大、墨西哥同样是非常重要的美国进口来源国，甚至 TPP 成员国中的绝大部分国家都不会给美国带来顺差（加拿大、墨西哥、日本、越南、马来西亚）。在成员国的战略选择上，美国并没有仅仅局限在贸易盈余这个小范围，试想通过减免关税，这些原来曾经带给美国贸易赤字的伙伴国可能会更多数量地进口美国产品（如农产品关税大幅下调），与此同时，美国通过 21 世纪最高水平的 FTA 谈判，成功筛选了来自这些伙伴国的产品（可能会造成进口的优胜劣汰并抑制进口规模），保证他们可以享受到最高劳工标准、环境标准、安全标准、高透明度等条件下生产的原材料、中间品、消费品、资本品，并把购买这种高水平产品的成本通过 FTA 减免进口关税控制到最低水平，最终这种进口成本优势还会部分反映在出口能力的增加上。整体来看，这便是美国推行 TPP 区域经济合作的主要布局原则。

2. 美国与 TPP 其他成员国的贸易联系

（1）货物贸易

根据美国货物进出口在世界范围的分布分析，我们可以初步总结出美国区域经济合作中伙伴国选择的原则，如果有了一定范围的合作伙伴，如何进一步发现或者进一步更加准确分析美国与这些伙伴国的贸易联系？与这些亚太国家合作中，有多大比重的出口贸易能够受到影响，这种影响覆盖了多大的贸易规模。

表4.1统计了从金融危机爆发前（2006年）到危机后经济进一步恢复的时期（2014年），美国对其他11个TPP成员国货物出口的比重。这一比重实际上是对外贸易国别结构的概念，显示了在一国的对外贸易中，尤其是美国的出口贸易当中，与这些TPP成员国联系程度有多紧密，同时也表明了美国出口货物的去向。从整个TPP11国进口美国产品占美国总出口额的比重来看，2006年—2014年美国对这11个国家的出口额在美国总货物出口额的比重一直在43.2%以上，也就是说这11个国家与美国的贸易往来几乎相当于其他所有国家的加总。因此TPP协议已经覆盖了美国43%以上的货物出口市场。事实上金融危机之前这一比重大于发生金融危机之后，2006年美国对其他TPP11国出口额占比已达到总出口贸易额的47.5%，2008年达到最低水平43.6%，其后又逐渐回升到44.8%（2014）的水平。

分别分析这些TPP成员国市场，其中最为重要、占比最大的是加拿大，其次是墨西哥，但从趋势上来看，从2006年到2014年，出口到加拿大市场的份额先下降（从22.2%下降），后提升（恢复到2014年的19.3%）；而墨西哥市场的占比虽然在2008年有所下降，但是2010年就恢复到了2006年的水平，从2011年开始已经超出以往比重，逐年攀升，直到2014年的14%。因此，我们可以看出，在金融危机后的经济恢复时期，墨西哥这样的发展中经济体仍然表现出了很强的市场潜力。总的来看，加拿大、墨西哥两个市场相加，基本上就占据了美国货物出口市场的1/3，从发展趋势来看，他们未来也将是美国出口贸易增长的重要伙伴国。出口方面，第三重要的市场便是日本，但是日本从2006年开始，在美国货物出口中的比重基本呈逐渐下降趋势，从2006年的5.8%下降到了2014年的4.1%，可见日本受整体经济下滑的影响，在美国贸易伙伴国中的地位在不断下降。除此之外，紧随其后的就是新加坡和澳大利亚，其余6国（文莱、智利、马来西亚、新西兰、秘鲁、越南）的总和在2014年只占3.1%。进而，我们可以想见，在未来的TPP合作之中，加拿大、墨西哥、日本承诺的协议条款能否在本国国内通过，比如我们前文提到过的加拿大、日本的农产品问题，加拿大的药品专利保护期问题，严重影响着美国参与TPP的收益规模。

表4.1　2006—2014年美国对TPP成员国出口额占美国出口总额的比重

年份	对TPP11成员出口	对澳大利亚出口	对文莱出口	对加拿大出口	对智利出口	对马来西亚出口	对墨西哥出口	对新西兰出口	对秘鲁出口	对新加坡出口	对越南出口	对日本出口
2006	0.47523	0.01715	0.00005	0.22202	0.00655	0.01210	0.12934	0.00282	0.00282	0.02380	0.00106	0.05752
2007	0.44906	0.01652	0.00012	0.21368	0.00715	0.01005	0.11743	0.00242	0.00354	0.02261	0.00164	0.05390
2008	0.43614	0.01725	0.00009	0.20070	0.00930	0.00997	0.11657	0.00198	0.00476	0.02216	0.00215	0.05121
2009	0.43231	0.01855	0.00009	0.19373	0.00886	0.00984	0.12207	0.00204	0.00466	0.02108	0.00294	0.04843
2010	0.44017	0.01706	0.00010	0.19502	0.00853	0.01102	0.12805	0.00221	0.00528	0.02270	0.00290	0.04731
2011	0.43923	0.01864	0.00012	0.18981	0.01079	0.00963	0.13383	0.00237	0.00563	0.02110	0.00291	0.04440
2012	0.44591	0.02016	0.00010	0.18937	0.01215	0.00829	0.13973	0.00202	0.00605	0.01974	0.00299	0.04529
2013	0.44255	0.01655	0.00035	0.19060	0.01110	0.00824	0.14330	0.00204	0.00641	0.01941	0.00319	0.04134
2014	0.44841	0.01636	0.00034	0.19285	0.01019	0.00807	0.14832	0.00263	0.00621	0.01865	0.00354	0.04126

资料来源：作者根据uncomtrade数据库计算。

　　受服务贸易统计数据的限制，我们无法得到美国对所有出口市场的贸易额数据，鉴于 2012 年数据缺失，2013 年没有区分目的国的数据，因此在表 4.2 中仅列出了有统计的主要服务出口市场，其中既包括主要的 TPP 成员，又包括 TTIP 的贸易伙伴，除此之外还包括亚洲和南美的贸易伙伴。从这些贸易伙伴在服务出口额中所占的比重可以看出，美国服务出口方面最重要的贸易伙伴一直是欧盟（2000—2003 年 15 国，2004—2006 年 25 国，2007—2011 年 27 国），其占比始终保持在 31.6% 以上，其先增加后降低，2008 年达到最大值 36.24%，随着金融危机不断降低，2011 年为 31.68%，尽管如此，其他贸易伙伴的比重 12 年间均在 10% 以下，所以尽管受到金融危机的影响，欧盟市场略有波动，但是其整体服务消费能力还是无可匹敌的。如果说 TPP 合作覆盖了更加广泛的美国货物贸易出口，那么实际上 TTIP 合作是为了涉及更加广阔的美国服务出口的。

　　在服务出口方面，加拿大、日本位列第二和第三。加拿大从 2000 年的 8.55% 变化为 2011 年的 9.48%，经历了增减的反复波动，其中 2008 年到最低水平，其后不断升高到 2011 年最高水平，在美国服务出口市场中，从 2007 年开始取代了日本，成为美国服务出口的第二大市场。与其相对的，日本 2000 年时占比 11.48%，其后呈现过小幅波动，再之后不断下降，尽管 2006 年以前（含 2006 年）日本一直超过加拿大的份额，但是随着日本经济的衰退，2011 年下降到 7.26%。另外，在 2010 年以前（含 2010 年）一直位居第四的墨西哥，也经历了波动和下降，2011 年被中国（4.40%）反超，墨西哥最高份额曾达到 6.17%

（2003），最终跌至 4.19%（2011 年）。通过总结表 4.2 中所选取
的市场，我们可以发现，大多数国家都表现出下降的趋势，如欧
盟、日本、墨西哥、新加坡。对于美国来说，这些服务市场可能
在不断衰退（TPP 区域大多数市场在衰退）；少数市场保持了增
势，如加拿大、巴西、澳大利亚、中国，其中，中国增势最为迅
猛，2011 年比重比 2000 年增长了 152.87%，因此，即使美国不
把中国纳入 TPP 或 TTIP 的区域合作框架，也不得不和中国保持
良好的双边对话，甚至是服务或投资领域的深入合作关系，中国
应该清晰认识到自身对美国服务出口的重要性，在开展双边或多
边合作时，赢得更多的谈判对价。另外，韩国 2011 年在美国服务
出口中占 2.68%，始终保持了较为稳定的份额，虽经历了小幅波
动，但 2011 年与 2000 年比略有提高，这可能也是美国越来越重
视韩国市场、加强与韩国双边合作的重要原因。

表 4.2　美国 2000—2011 年服务贸易国别结构统计（单位：十亿美元）

	出口总额	澳大利亚比重	加拿大比重	日本比重	墨西哥比重	新加坡比重	欧盟比重	韩国比重	中国比重	巴西比重
2000	289.14	0.0194	0.0855	0.1148	0.0538	0.0214	0.3250	0.0247	0.0174	0.0216
2001	278.08	0.0177	0.0882	0.1080	0.0591	0.0214	0.3218	0.0241	0.0195	0.0210
2002	285.65	0.0186	0.0878	0.1057	0.0610	0.0198	0.3374	0.0266	0.0203	0.0180
2003	295.69	0.0206	0.0926	0.0995	0.0617	0.0205	0.3444	0.0264	0.0196	0.0163
2004	343.43	0.0203	0.0861	0.1030	0.0562	0.0163	0.3553	0.0251	0.0214	0.0144
2005	377.49	0.0205	0.0866	0.1084	0.0595	0.0152	0.3502	0.0261	0.0226	0.0154
2006	422.50	0.0207	0.0892	0.0955	0.0564	0.0158	0.3456	0.0273	0.0251	0.0180
2007	491.23	0.0216	0.0867	0.0802	0.0509	0.0147	0.3588	0.0249	0.0265	0.0195
2008	535.70	0.0228	0.0845	0.0759	0.0487	0.0121	0.3624	0.0247	0.0283	0.0227

续表

	出口 总额	澳大利 亚比重	加拿大 比重	日本 比重	墨西哥 比重	新加坡 比重	欧盟 比重	韩国 比重	中国 比重	巴西 比重
2009	511.62	0.0242	0.0846	0.0769	0.0446	0.0128	0.3420	0.0258	0.0312	0.0259
2010	557.63	0.0244	0.0945	0.0788	0.0441	0.0175	0.3163	0.0274	0.0385	0.0311
2011	619.15	0.0266	0.0948	0.0726	0.0419	0.0173	0.3168	0.0268	0.0440	0.0362

数据来源：作者根据 UN Service database 最新可获数据整理。

4.1.3　TPP 其他成员国的对外贸易规模、商品结构及地理分布分析

1. 日本对外贸易规模、商品结构及地理分布

2014 年日本货物出口总额 6838 亿美元，进口总额 8223 亿美元，货物贸易赤字 1384 亿美元，货物进出口总额 15 061 亿美元。1998—2014 年，日本出口贸易额除 2001 年下降、2009 年下降外，2012 年以来也持续在下降（如图 4.9 所示），其中 1998—2008 年呈现出了总体较快地上升，但是金融危机后虽然经历了 2009—2011 年的上升，其后还是不断下降，金融危机给日本货物出口带来了严重的打击。进口方面来看，与出口类似的，1998—2008 年较快上升，2009 年降至最低，但是 2009 年之后日本货物进口的表现要好于货物出口。也正因为如此，从 2001 年开始，日本失去了保持多年的货物贸易顺差，货物进口额下降较慢、货物进口额下降较快，货物贸易逆差逐渐增大。如果货物出口确实能像奥巴马政府坚信的那样能提振危机后的一国经济、增加就业，那么面临如此恶劣的货物贸易表现，日本应该也有促进出口提升的急迫

需要。

从出口商品结构来看，日本2014年出口额排名第一位的仍然是日本的传统优势产业——汽车制造，车辆出口额1427亿美元（见图4.10），其次分别是机械产品（1326亿美元）、电子设备（1042亿美元），排名前三的出口产品加总占当年货物出口额的55.5%，可见货物出口结构相对单一。其他七类商品年出口额均在500亿美元以下，分别是技术、医疗设备，未按种类规定的商品，钢、铁，塑料及其制品，有机化工，矿物燃料，钢铁制品，这些商品出口加总占当年出口额的27.4%，还不到前三位出口商品的一半。但是从日本出口前十的商品分布，我们可以明显发现，日本出口商品表现出很强的资本密集、技术密集的性质。

在出口地理分布方面，排名前两位的出口市场大大超过其他八个出口市场的贸易额（如图4.11所示），第一是美国（1300亿美元），第二为中国（1250亿美元），两国相加共占日本2014年出口总额的37.3%，第三至十位的市场分别是：韩国、其他未列明的亚洲国家、中国香港、泰国、新加坡、德国、印尼、澳大利亚，日本对这些市场的出口额均在600亿美元以下，八国加总占33.3%。总体来看，日本货物出口的主要市场集中在亚洲，少数在北美和欧洲，但是各个市场之前严重不平衡，较为依赖某些单个市场。在这种情况下，如果TPP协议正式实施，日本将降低对进口汽车的关税，其他TPP成员也会降低进口汽车的关税，这两方面共同作用的结果将会给日本汽车出口带来影响。

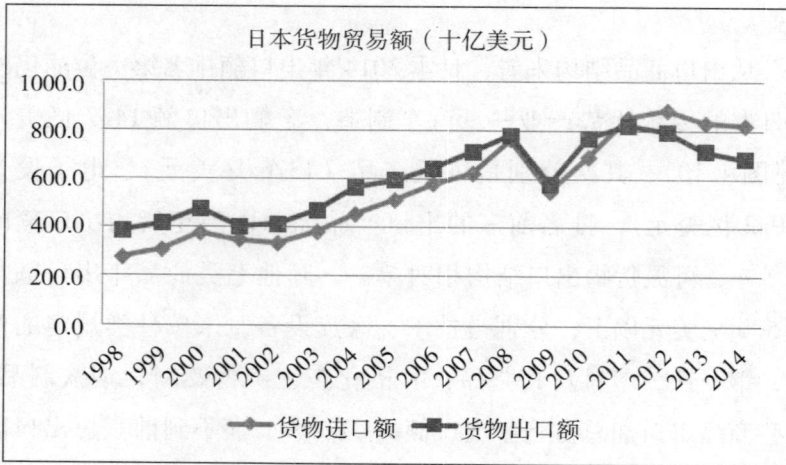

图 4.9　1998—2014 年日本货物贸易额统计

数据来源：作者根据 UN Comtrade database 数据整理。

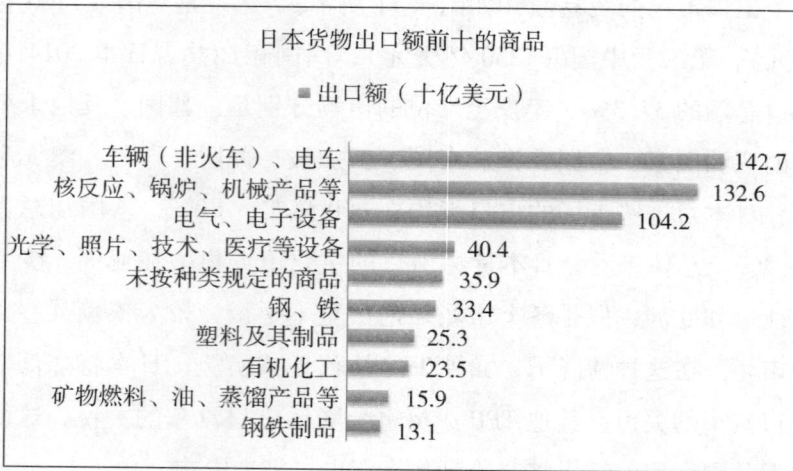

图 4.10　2014 年日本货物出口额前十位的商品

数据来源：同上。

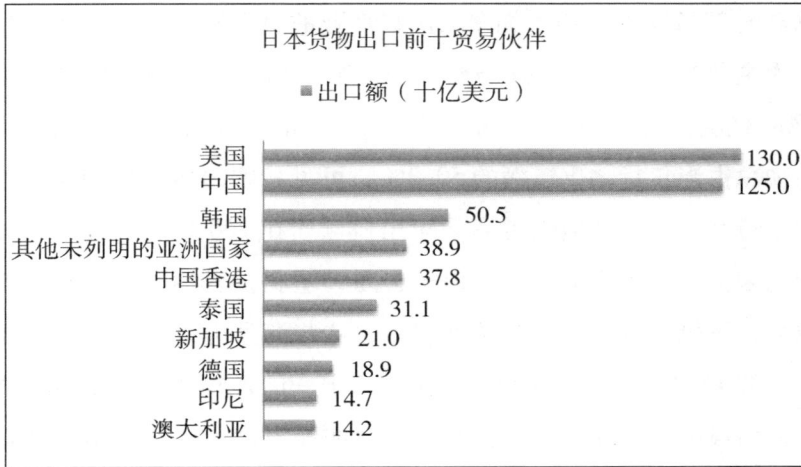

日本货物出口前十贸易伙伴

■ 出口额（十亿美元）

美国	130.0
中国	125.0
韩国	50.5
其他未列明的亚洲国家	38.9
中国香港	37.8
泰国	31.1
新加坡	21.0
德国	18.9
印尼	14.7
澳大利亚	14.2

图 4.11　2014 年日本货物出口额前十位的贸易伙伴

数据来源：同上。

2. 加拿大对外贸易规模、商品结构及地理分布

2014 年加拿大货物出口总额 4729 亿美元，货物进口总额 4620 亿美元，贸易余额 109 亿美元，进出口贸易总额 9349 亿美元。1998 年到 2014 年，加拿大基本保持了各年货物出口额大于货物进口额的状态（如图 4.12 所示），其中 1998 年到 2008 年，货物进出口持续较快上升（贸易顺差逐渐增大），2009 年进出口急剧下降，随后再次上升，从 2011 年开始进入相当缓慢的增长阶段，这一时期进出口已基本呈平衡态势，贸易余额相对较小。与上面日本的情况相比，加拿大在金融危机后的经济恢复阶段还是保持了增势，而日本却难以抑制地不断下滑。

从出口商品结构来看，加拿大 2014 年出口额排名第一位的仍然是矿物燃料，达 1286 亿美元（见图 4.13），占加拿大当年出口总额的 27.2%，表明了加拿大出口产业的显著特点——以矿产品作为主要出口产品。其次分别是车辆（597 亿美元）、机械产品（326 亿美元），宝石、金属等（203 亿美元）。排名前四的出口产品加总占当年货物出口额的 50.0%，可见货物出口结构相比日本并不特别单一。其他六类商品年出口额均在 200 亿美元以下，分别是未按种类规定的商品，电子设备，塑料及其制品，木材及木制品，飞机、航空器，铝及其制品，这些商品出口加总占当年出口额的 16.2%，加总起来还不及排名第一的矿物燃料。尽管从加拿大出口前十的商品分布，我们可以明显发现与日本类似的发达国家出口产品资本密集、技术密集型商品为主的特点，但是加拿大出口商品结构的另外一大主要特点就是，资源类商品占据了重要的地位。但是对于身为发达国家的加拿大来说，由于技术水平相对较高，这些资源类商品在环境和劳工标准方面有着发展中国家无可匹敌的优势，如果在 TPP 协议框架下制定较高的环境和劳工标准，势必对加拿大这样的资源出口发达国家更有益处。

在出口地理分布方面，排名第一位的市场是美国（如图 4.14 所示），加拿大 2014 年对美国出口总额 3632 亿美元，占加拿大总出口额的 76.8%，大大超过其他九个出口市场的贸易额，甚至是其他九个市场总和规模的 5.65 倍。可见加拿大在货物出口中是严重依赖美国的，进而我们可以再次确认，加拿大一定是美国主导的区域贸易协议的最主要的参加者。

加拿大货物贸易额（十亿美元）

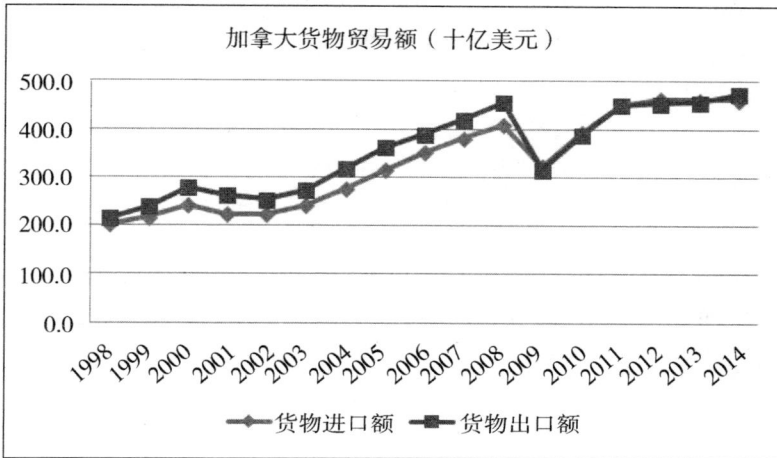

图 4.12 1998—2014 年加拿大货物贸易额统计

数据来源：同上。

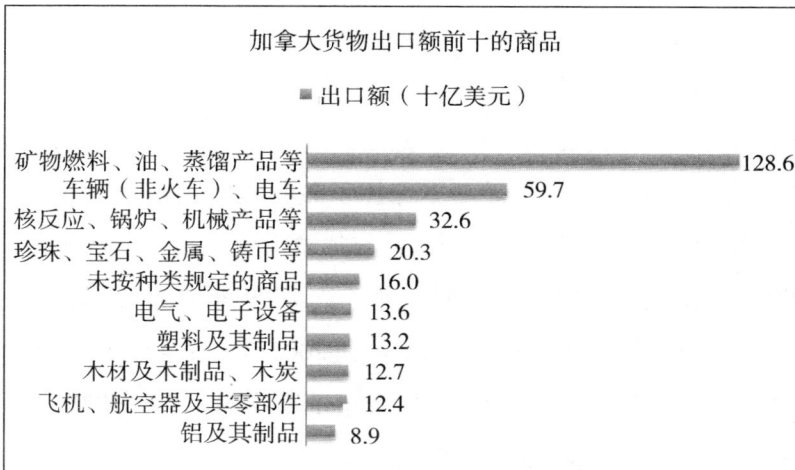

加拿大货物出口额前十的商品

■ 出口额（十亿美元）

商品	出口额
矿物燃料、油、蒸馏产品等	128.6
车辆（非火车）、电车	59.7
核反应、锅炉、机械产品等	32.6
珍珠、宝石、金属、铸币等	20.3
未按种类规定的商品	16.0
电气、电子设备	13.6
塑料及其制品	13.2
木材及木制品、木炭	12.7
飞机、航空器及其零部件	12.4
铝及其制品	8.9

图 4.13 2014 年加拿大货物出口额前十位的商品

数据来源：同上。

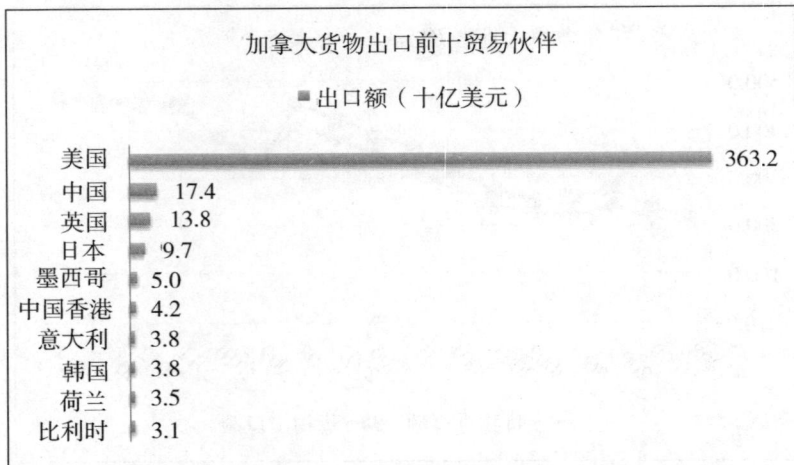

图 4.14　2014 年加拿大货物出口额前十位的贸易伙伴

数据来源：同上。

3. 新加坡对外贸易规模、商品结构及地理分布

2014 年新加坡货物出口总额 4098 亿美元，货物进口总额 3662 亿美元，贸易余额 435 亿美元，进出口总额 7760 亿美元。1998 年到 2014 年，新加坡基本保持了各年货物出口额大于货物进口额的状态（如图 4.15 所示），与加拿大不同的是，新加坡在 2009 年之前货物贸易顺差相对较小，而 2009 年之后贸易余额呈现出不断增加的趋势。其中 1998 年到 2002 年，货物进出口基本保持平衡，从 2003 年开始，贸易余额不断增大，直到 2007 年又逐渐缩小，最终 2009 年之后贸易顺差越来越大。总体来看，新加坡货物进出口，除 2009 年急剧下降，整体都保持了向上的增势，只不过 2008 年之前增速较快，2011 年开始货物出口进入到了平缓增长阶段，甚至这一时期由于进口略微下降，贸易余额得以逐

渐增大。与前面的国家相比，既没有像日本那样在金融危机恢复期快速下滑，也没有像加拿大那样保持了好的增势。

从出口商品结构来看，新加坡 2014 年出口额排名前三位的分别是电子产品（1249 亿美元）、矿物燃料（687 亿美元）、机械产品（540 亿美元），这几类商品加总共占新加坡当年货物出口总额的 60.4%，表明新加坡货物出口的特点——以机械、电子产品为主。其他七类商品年出口额均在 400 亿美元以下（见图 4.16），分别是未按种类规定的商品，有机化工，塑料及其制品，技术、医疗设备，金属等，医药产品，飞机、航空器，表现出了较强的资本密集、技术密集型商品为主的特点，这些商品出口加总占当年出口额的 25.4%。由于其出口前十的商品中包括医药产品，在TPP 协议的制药专利保护方面新加坡也会受最后制定的保护期限的影响。

在出口地理分布方面，如图 4.17 所示，新加坡的出口伙伴国相对平衡，除了美国和澳大利亚，新加坡前十位的其他伙伴国都位于亚洲，进而我们相信除了参加 TPP 协议，新加坡也有充足的动力参加亚洲地区的其他贸易协定，从而和其出口伙伴建立良好的贸易关系。2014 年新加坡对排名前五位的国家或地区货物出口额均大于 200 亿美元，依次是中国（515 亿美元）、马来西亚（490 亿美元）、中国香港（451 亿美元）、印尼（384 亿美元）、美国（242 亿美元），总计共占新加坡当年货物出口总额的 50.8%。第六到十位进口新加坡货物额为 150 亿到 167 亿，分别是日本、韩国、其他未列明的亚洲国家、澳大利亚、泰国。

新加坡货物贸易额（十亿美元）

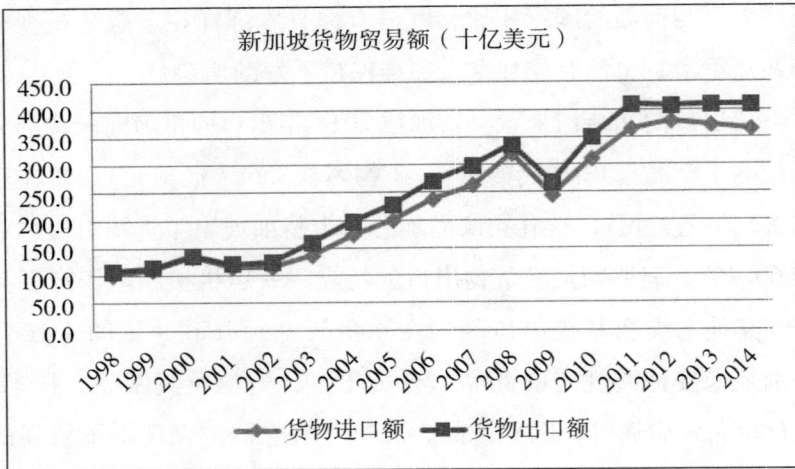

图 4.15　1998—2014 年新加坡货物贸易额统计

数据来源：同上。

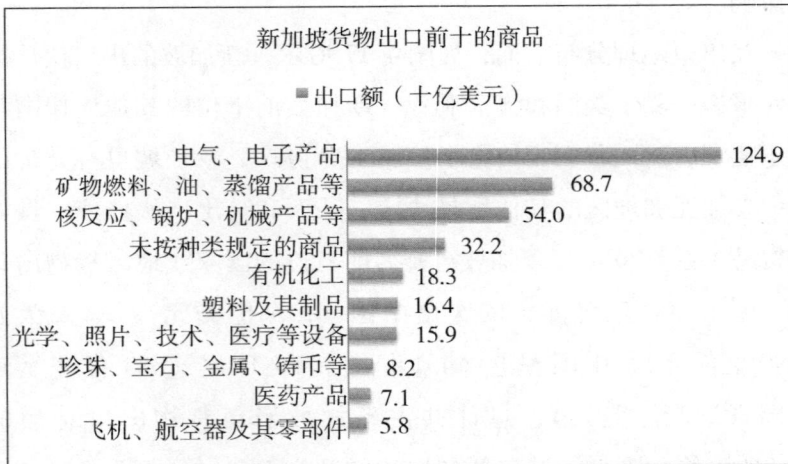

新加坡货物出口前十的商品

■出口额（十亿美元）

商品	出口额（十亿美元）
电气、电子产品	124.9
矿物燃料、油、蒸馏产品等	68.7
核反应、锅炉、机械产品等	54.0
未按种类规定的商品	32.2
有机化工	18.3
塑料及其制品	16.4
光学、照片、技术、医疗等设备	15.9
珍珠、宝石、金属、铸币等	8.2
医药产品	7.1
飞机、航空器及其零部件	5.8

图 4.16　2014 年新加坡货物出口额前十位的商品

数据来源：同上。

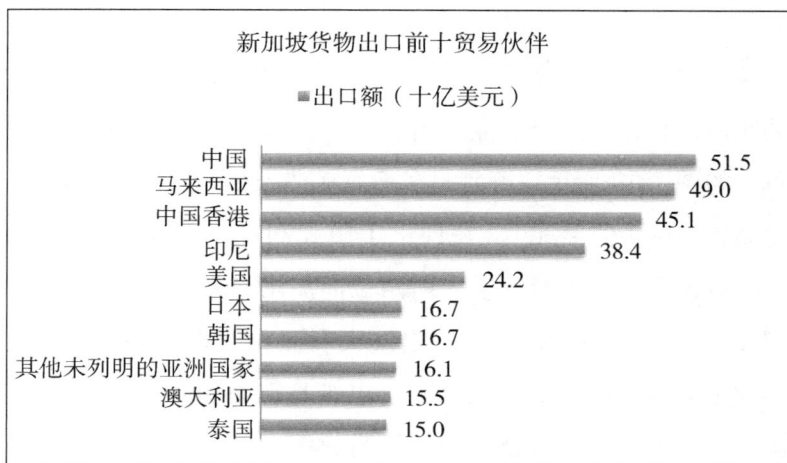

图 4.17 2014 年新加坡货物出口额前十位的贸易伙伴

数据来源：同上。

4. 澳大利亚对外贸易规模、商品结构及地理分布

2014 年澳大利亚货物出口总额 2404 亿美元，进口总额 2275 亿美元，贸易余额 129 亿美元，进出口贸易总额 4680 亿美元。1998 年到 2008 年，货物进出口持续较快上升，但是货物进口额始终大于货物出口额，呈现贸易逆差（如图 4.18），2009 年进出口急剧下降，随后再次上升，从 2012 年开始又出现了下降趋势，连年下降，并且下降的速度较快。但是从 2009 年以后，澳大利亚的货物贸易出口额开始大于进口额，形成了贸易顺差。这样的货物进出口变化，显示出澳大利亚对外贸易受金融危机影响在不断震荡中下滑，与前文分析的国家相比，除了日本，澳大利亚是下滑比较严重的国家，但是日本对外贸易下滑中出口额下滑的更快，而澳大利亚由于进口额下滑快于出口额，进而保持了贸易

顺差。

从出口商品结构来看，澳大利亚 2014 年出口额排名前两位的商品明显远超其他出口商品，占据了该国当年出口额的绝大部分比重，如图 4.19 所示，分别是矿石、矿渣及矿灰（734 亿美元），矿物燃料（640 亿美元），表现出了澳大利亚出口商品的首要特点——以矿产资源出口为主，前两位商品出口额加总共占当年澳大利亚出口额的 57.2%，表现出澳大利亚相对单一的出口结构，较强地依赖这些矿产资源的出口。也正是因为如此，金融危机后资源类商品国际市场价格下降，贸易放缓，进而澳大利亚的经济随之震荡下滑。其余八类产品出口额均在 150 亿美元以下，依次是：宝石、金属，肉及食用杂碎，谷物，未按种类规定的其他商品，无机化学品、贵金属化合物，机械设备，铝及其制品，铜及其制品，出口额共计 571 亿美元，仅占出口总额的 23.8%。总结澳大利亚出口前十的商品，我们可以更加确认其出口主要以矿产资源为主，除此之外农产品是另外一个重点，与此同时还包括一定的机械设备，出口商品表现出了很强的资本密集和一定的技术密集性，但是作为资源开发/生产能力较强、农产品生产率较高的发达国家，这些商品在环境、劳工标准、质量方面都有着发展中国家不能取代的优势，如果在 TPP 协议框架下制定较高的环境、劳工和质量标准，必然对澳大利亚的矿产资源和农产品出口非常有益。

在出口地理分布方面，出口市场相对不平衡，主要以排名前三的市场为主（中、日、韩），前十位的市场中除美国、新西兰以外主要为亚洲国家（如图 4.20），由此可见澳大利亚更有意愿

和亚洲国家建立双边或多边的经贸合作。前三位的市场的出口额
分别是中国（814 亿美元）、日本（431 亿美元）、韩国（179 亿
美元），共占澳大利亚当年总出口的 59.2%，仅中国一个市场就
超出其他七个市场的总和（498 亿美元，占总出口 20.7%），我
们相信，澳大利亚和中、日、韩会继续积极推进区域或双边贸易
协定。

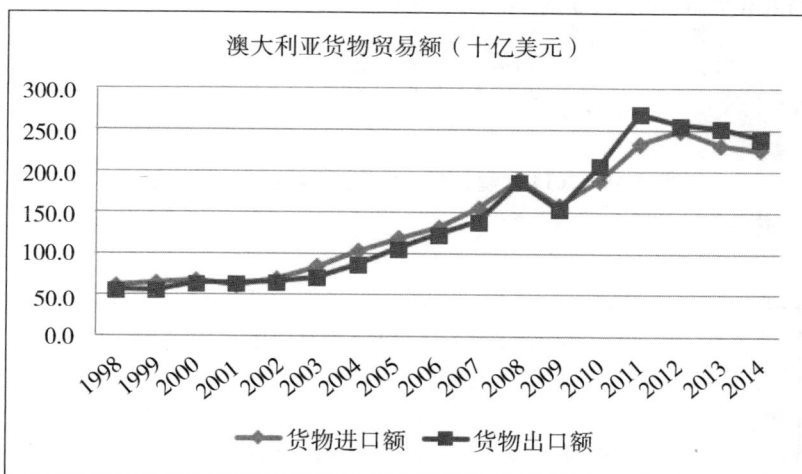

图 4.18　1998—2014 年澳大利亚货物贸易额统计

数据来源：同上。

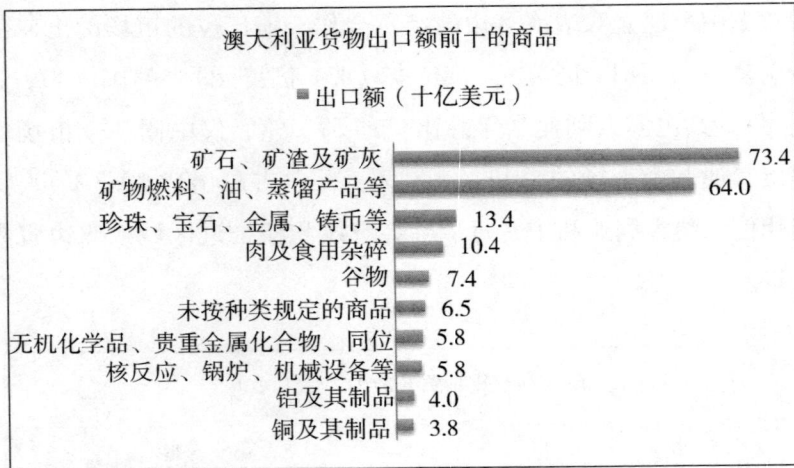

图 4.19　2014 年澳大利亚货物出口额前十位的商品

数据来源：同上。

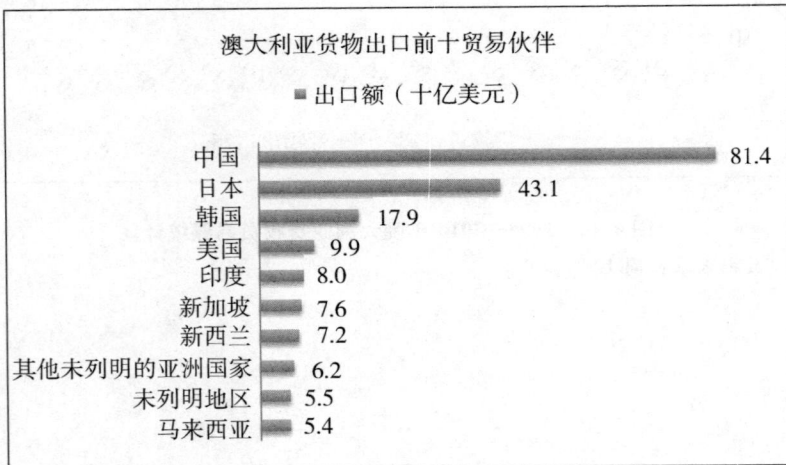

图 4.20　2014 年澳大利亚货物出口额前十位的贸易伙伴

数据来源：同上。

96

5. 新西兰对外贸易规模、商品结构及地理分布

2014 年新西兰货物出口总额 416 亿美元，进口总额 425 亿美元，贸易赤字 8.62 亿美元，进出口总额 841 亿美元。从货物贸易总体规模来看，新西兰和 TPP 发达经济体相比，规模十分有限。除 1998 年、2009 年进出口急剧下降外，货物进出口总体保持了快速增长的态势。2002 年到 2008 年货物进口额大于货物出口额，顺差逐年上升，其他年份及出口基本保持平衡（如图 4.21 所示）。从 2012 年开始，货物进出口以更快的速度上涨，可见该国对外贸易受金融危机影响较小。

从出口商品结构来看，新西兰 2014 年出口额排名第一位的商品明显远超其他出口商品（如图 4.22），即奶制品等食用动物制品（122 亿美元），占新西兰 2014 年出口总额的 29.3%，第二、第三位分别是：肉及食用杂碎（49 亿美元）、木材及木制品（31 亿美元），前三位的商品共占出口总额的 48.5%，其余七类商品出口额介于 11 亿到 15 亿之间，相对平均且规模不大，分别是：未按种类规定的商品，食用水果、坚果，机械产品，矿物燃料，饮料、酒及醋，硬蛋白、改性淀粉，鱼类、甲壳类，相加仅 92 亿美元，仅占新西兰 2014 年货物总出口的 22.1%。总结新西兰出口前十的商品，我们可以发现其出口产品表现出很强的以农产品为主的特性，还有一部分是木材、矿物燃料等资源类产品。试想如果在 TPP 协议框架下，日本、马来西亚等国放开对农产品的保护，那么新西兰的农产品将是它们本国生产者的巨大挑战。

在出口地理分布方面，出口市场相对不平衡，主要以排名前三的市场为主，其中向中国出口 83 亿美元（占 20.0%），向澳大

利亚出口 73 亿美元（占 17.5%），向美国出口 39 亿美元（占
9.4%），总计 195 亿美元，占新西兰当年货物出口总额的
46.9%，其他市场均小于 30 亿美元。排名前十的市场除美国、英
国、澳大利亚外，主要都是亚洲国家（如图 4.23），我们相信新
西兰和澳大利亚一样，有意愿积极和中、日、韩建立双边或区域
经贸合作。鉴于中国这个大市场的存在，新西兰未来会更多地融
入中国主导的亚太区域经济合作中。

图 4.21　1998—2014 年新西兰货物贸易额统计

数据来源：同上。

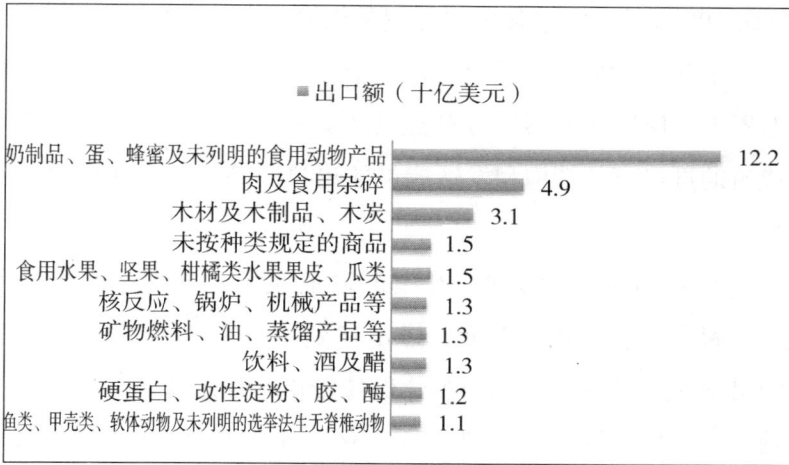

图 4.22   2014 年新西兰货物出口额前十位的商品

数据来源：同上。

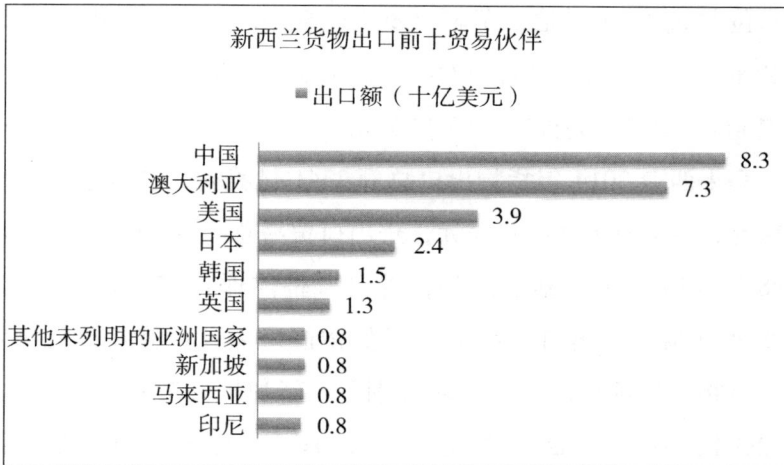

图 4.23   2014 年新西兰货物出口额前十位的贸易伙伴

数据来源：同上。

6. TPP 发展中经济体的对外贸易规模、商品结构及地理分布

由于其他 TPP 成员主要为发展中国家，且货物贸易总体规模相对不大，所以我们不再分开做具体分析。总体来看，TPP 发展中成员的进口商品结构和发达成员的出口商品结构有比较强的互补性。

墨西哥 2014 年货物出口总额 3971 亿美元，进口总额 4000 亿美元，贸易逆差 290 亿美元，进出口贸易总额 7971 亿美元，除 2009 年急剧下降外，进出口整体保持较快增长态势。货物出口排名前十的市场分别是：美国（3187 亿美元，占 80.3%）、加拿大（107 亿美元）、中国（60 亿美元）、西班牙（60 亿美元）、巴西（47 亿美元）、哥伦比亚（47 亿美元）、德国（36 亿美元）、印度（27 亿美元）、日本（26 亿美元）、荷兰（23 亿美元）。货物出口前八位的商品分别是：车辆（860 亿美元），电气、电子设备（800 亿美元），机械产品（603 亿美元），技术、医疗设备（144 亿美元），家具、装饰等（97 亿美元）。

马来西亚 2014 年货物出口总额 2341 亿美元，进口总额 2088 亿美元，贸易顺差 253 亿美元，进出口贸易总额 4430 亿美元，除 1998 年、2009 年急剧下降外，进出口整体保持较快增长态势，1998 年开始货物出口额明显大于货物进口额，贸易顺差逐年增加。货物出口排名前十的市场分别是：新加坡（333 亿美元，占 14.2%）、中国（282 亿美元，占 12.0%）、日本（253 亿美元，占 10.8%）、美国（197 亿美元）、泰国（123 亿美元）、中国香港（113 亿美元）、澳大利亚（101 亿美元）、印度（97 亿美元）、印尼（97 亿美元）、韩国（86 亿美元）。货物出口前八位的商品

分别是：电气、电子设备（657亿美元），矿物燃料（517亿美元），机械产品（232亿美元），动植物油脂（158亿美元），塑料及其制品（76亿美元），技术、医疗设备（74亿美元），橡胶及其制品（69亿美元），木材及木制品等（43亿美元）。

越南2013年货物出口总额1320亿美元，进口总额1320亿美元，贸易顺差32.28万美元，进出口贸易总额2641亿美元（最新数据为2013年），除2009年急剧下降外，进出口整体保持较快增长态势，2001年开始货物进口额明显大于货物出口额，贸易逆差先逐年增加后又在2012年开始变为微小顺差，其他细分市场及商品数据，UN comtrade数据库尚未统计。

秘鲁2014年货物出口总额385亿美元，进口总额422亿美元，贸易逆差37亿美元，进出口贸易总额807亿美元，除1998年小幅下降、2009年急剧下降外，进出口整体保持较快增长态势，但是货物出口从2013年开始再次呈快速下降趋势，2004年开始货物出口额明显大于货物进口额，保持了一定贸易顺差，2013年和2014年由于出口快速下降，变为贸易逆差。货物出口排名前十的市场分别是：中国（70亿美元）、美国（62亿美元）、瑞士（26亿美元）、加拿大（26亿美元）、巴西（16亿美元）、日本（16亿美元）、智利（15亿美元）、西班牙（14亿美元）、德国（12亿美元）、哥伦比亚（12亿美元）。货物出口前五位的商品分别是：矿石、矿灰、矿渣（106亿美元），宝石、金属（61亿美元），矿物燃料（48亿美元），铜及其制品（24亿美元），食用水果、坚果（15亿美元）。

智利2014年货物出口总额766亿美元，进口总额723亿美元，贸易顺差 43 亿美元，进出口贸易总额 1490 亿美元，除 1999 年小幅下降、2009 年急剧下降外，进出口整体保持较快增长态势，1999 年开始货物出口额明显大于货物进口额，贸易保持一定时期的顺差，但货物出口 2012 年快速下降出现逆差，2014 年又恢复顺差，因此开始进入了波动时期。货物出口排名前十的市场分别是：中国（188 亿美元，占 24.5%）、美国（93 亿美元，占12.1%）、日本（77 亿美元）、韩国（48 亿美元）、巴西（41 亿美元）、印度（27 亿美元）、荷兰（23 亿美元）、秘鲁（19 亿美元）、其他未列明的亚洲国家（18 亿美元）、意大利（18 亿美元）。货物出口的细分商品 UN comtrade 数据库尚未获取到。

文莱 2014 年货物出口总额 105 亿美元，进口总额 35 亿美元，贸易顺差 70 亿美元，进出口贸易总额 140 亿美元，货物进口除 1997 年到 2001 年缓慢下降外，整体保持平稳增长态势。货物出口从 1998 年起快速上升，但 2013 年、2014 年大幅下降，贸易顺差在 2013 年之前逐年快速增加。货物出口排名前十的市场分别是：日本（39 亿美元，占 37.1%）、韩国（12 亿美元）、印度（9.6 亿美元）、澳大利亚（8.0 亿美元）、印尼（6.4 亿美元）、其他未列明的亚洲国家（5.8 亿美元）、泰国（5.5 亿美元）、马来西亚（3.7 亿美元）、新西兰（3.7 亿美元）、新加坡（3.4 亿美元）。货物出口前三位的商品分别是：矿物燃料（97 亿美元，占 92.4%），有机化学品（4.7 亿美元，占 4.4%），机械产品。

总结来说，TPP 12 个成员国，从货物贸易增长情况来看，在金融危机后 2009 年至 2004 年仍然保持增势的是美国、加拿大、新西兰、墨西哥、马来西亚、越南，可见尽管 TPP 是迄今为止覆盖经济范围最多的区域经济组织，但是只有一半的成员能够在金融危机后保持贸易增长，其中美国货物贸易金融危机后的货物贸易逆差较危机前缩小，而美国的服务出口很快便恢复了快速增长，受金融危机影响较小。墨西哥货物贸易进出口除了 2009 年下降外，其后很快就恢复了和金融危机前一致的较快增速（进出口基本平衡），金融危机负面影响很小。新西兰也在 2011 年后很快恢复了增长。越南受金融危机影响也较小，基本保持快速增长。而加拿大、马来西亚从 2011 年开始进入较平缓的贸易增长阶段。那些贸易呈现下降趋势的发达成员均是在 2011 年后开始出现，日本进出口在 2011 年后急剧下降，尤其出口下降更快（逆差增加），新加坡进口 2012 年开始小幅下降，出口 2011 年后逐年微小下降（顺差微增），澳大利亚出口 2011 年后直线下降，进口 2012 年开始也快速下降（小幅顺差）。在发达成员中，日本和澳大利亚贸易额下降最为显著。那些出口下降的发展中国家，智利、文莱、秘鲁也是从 2011 年之后开始较快下降的。

从商品结构和地理分布来看，TPP 发达经济体出口商品的技术密集性、资本密集型较强，以机械产品、电子产品、车辆、医疗设备、塑料及其制品、医药产品（美国、新加坡）等为主，另外加拿大（矿物燃料、金属、木材、铝及其制品）、澳大利亚（矿石、矿物燃料、铝及其制品、铜及其制品）、新西兰（木材）表现出了较强的资源类产品出口的特点，澳大利亚（肉及食用杂碎、谷物）、新西兰（奶制品、肉及食用杂碎、食用水果、硬蛋白）还表现出了农产品、农业加工品出口的主要特征。但是作为资源开发/生产能力较强、农产品生产率较高的发达国家，这些商品在环境、劳工标准、质量方面都有着发展中国家不能取代的优势，如果在 TPP 协议框架下制定较高的环境、劳工和质量标准，必然对矿产资源和农产品出口非常有益。发展中成员国除了墨西哥（还包括劳动密集的家具产品）、马来西亚较多出口机械产品、电子产品外，其他成员国主要以资源类产品（马来西亚的矿物燃料、动植物油脂、橡胶，智利的矿石、矿物燃料、铜及其制品）、农产品为主（智利食用水果、坚果）。从地理分布来看，北美国家较为依赖美国，尤其是加拿大和墨西哥的出口当中绝大部分是对美国市场形成的，但是亚洲、大洋洲和南美洲的成员国都较为依赖对中国的出口，均排在出口市场的第一位（除日本以美国为第一大出口市场），尤其是亚洲成员国的主要出口贸易市场多集中在亚洲地区，澳大利亚和新西兰的出口也主要集中在亚洲地区，所以我们相信这些国家有意愿积极推进和中、日、韩等亚洲国家建立双边或区域经贸合作，鉴于中国这个大市场的存在，它们未来会更多地融入中国主导的亚太区域经济合作中。除此之外，美国服务出口额排名前三位的服务分别是旅游、特许权使用和许可费、其他商业服务，表现出了较强的技术密集的特性。鉴于美国服务的技术、管理等优势，在 TPP 合作中，美国将会利用协议给服务贸易带来的便利，还包括对互联网和数字经济准入的放宽，以及对知识产权的更加严格的保护，我们相信，TPP 协议执行后会给美国服务出口带来更大的促进效果。

从美国与其他 TPP 成员国的经贸联系上看，美国对这 11 个国家的货物出口额占美国总货物出口额的比重一直在 43.2% 以上，也就是说这 11 个国家与美国的贸易往来几乎相当于其他所有国家的加总。因此 TPP 协议已经覆盖了美国 43% 以上的货物出口市场。其中最为重要、占比最大的是加拿大，其次是墨西哥，但在金融危机后的经济恢复时期，墨西哥这样的发展中经济体仍然表现出了很强的市场潜力。总的来看，加拿大、墨西哥两个市场相加，基本上就占据了美国货物出口市场的 1/3，从发展趋势来看，他们未来也将是美国出口贸易增长的重要伙伴国。出口方面第三重要的市场便是日本，但受整体经济下滑的影响，其在美国贸易伙伴国中的地位在不断下降。除此之外，紧随其后的就是新加坡和澳大利亚，其余 6 国（文莱、智利、马来西亚、新西兰、秘鲁、越南）的总和在 2014 年只占 3.1%。我们可以想见，在未来的 TPP 合作之中，加拿大、墨西哥、日本承诺的协议条款能否在本国国内通过，比如我们前文提到过的加拿大、日本的农产品问题，加拿大的药品专利保护期问题，严重影响着美国参与 TPP 的收益规模。

另外，从各个贸易伙伴在美国服务出口额中所占的比重可以看出，美国服务出口方面最重要的贸易伙伴一直是欧盟（占近 1/3），其他贸易伙伴均在 10% 以下，TPP 成员国占比也相当有限（2011 年加拿大占 9.48%、日本占 7.26%、墨西哥占 4.19%；中国占 4.40%），因此，TPP 合作覆盖了更加广泛的实际是美国货物贸易的出口，TTIP 合作则是为了涉及更加广阔的美国服务出口的。在大多数市场都表现出下降的趋势时（TPP 区域大多数市场对美国服务进口在衰退），少数市场保持了增势，如加拿大、巴西、澳大利亚、中国，其中，中国增势最为迅猛，2011 年比重比 2000 年增长了 152.87%。因此，即使美国不把中国纳入 TPP 或

TTIP 的区域合作框架，也不得不和中国保持良好的双边对话，尤其是服务或投资领域的深入合作关系。中国应该清晰认识到自身对美国服务出口的重要性，在开展双边或多边合作时，赢得更多的谈判条件。

4.2 TPP 成员国的出口结构分析

本节中，我们从原材料、中间品、消费品、资本品占美国及其他 TPP 成员国出口额的比重，来进一步分析这些国家的出口结构特征。在四类产品的划分上，我们使用了 WITS 数据库引用的 UNCTAD – SOP 对 HS 编码产品的分类。原材料主要包括活动物，肉及食用杂碎，鱼、甲壳动物、软体动物及其他水生无脊椎动物，乳品、蛋品，其他动物产品，食用蔬菜、根及块茎，食用水果及坚果、甜瓜或柑橘属水果的果皮，谷物，含油子仁及果实，虫胶、树胶，编结用植物材料，食品工业的残渣及废料、配制的动物饲料，烟草，盐、硫黄、泥土及石料、石膏料（石灰）及水，矿砂、矿渣及矿灰，矿物燃料、矿物油，橡胶及其制品，生皮（毛皮除外）及皮革，毛皮、人造毛皮，木材，羊毛、动物细毛或粗毛，棉花，其他植物纺织纤维，天然或养殖珍珠、宝石或半宝石、贵金属，钢铁废料，其他贱金属及工业废料。

中间品主要包括腌制肉类，风干鱼、甲壳动物、软体动物等，固态（浓缩）奶及奶油、干蛋类，暂时贮藏（风干）的食用蔬菜、根及块茎，粗加工的谷物（如轧制等），粗加工的动植物油脂及固体残渣，水泥、灰泥等，粗加工的矿物燃料、矿物油及沥青等，无机化学品，有机化学品，染剂，鞣料浸膏及染料浸膏，精油及香膏，杂项化学产品，树脂、酸、酯等塑料初始成分，粗加工的橡胶，粗加工的皮革，粗加工的木材（锯材、芯片、单板等），粗加工的浆及其他纤维状纤维素浆（如半漂白），粗加工的纸、纸板、纸浆，以及其他粗加工的工业原料等。消费品主要是指作为用于满足人们生活需求最终消费的农产品、工业制成品等。资本品指的是作为繁育的纯种活动物，铁道及电车道枕木，核反应堆、机器设备（包括发动机的零部件），电机、电气设备及其零部件，车辆及其零件，航空器、航天器及其零件，船舶及浮动结构体，光学、照相、电影、计量、检验、医疗设备，艺术品、收藏品及古物。

4.2.1 美国的出口结构分析

美国出口贸易中，资本品出口的比重远远超过其他三类产品（原材料、中间品、消费品）位列首位（如图 4.24 所示），其次是消费品、中间品，最后才是原材料，表现出了较强的工业发达国家的出口结构特点，也显示出了美国的优势。其中资本品比重从 2001 年（51.1%）起逐年降低，2008 年之前均在 44.0% 以上，从 2008 年开始缓慢下降到四成左右，2014 年为 40.2%（见表 4.3）。消费品和资本品一直保持平缓上升的趋势，消费品从 2001 年的 21.94% 上升到 2014 年的 27.62%，中间品紧随其后，从 2001 年的 19.23% 上升到 2014 年的 23.27%。原材料的比重显著低于其他三类产品，占比变化不大，2014 年为 8.88%。可见，美

国出口产品以技术密集、资本密集的资本品为主，而较少地出口
未经加工的原材料产品。

表4.3　美国2001—2014年出口贸易结构统计（单位：十亿美元）

	出口总额	原材料出口额	中间品出口额	消费品出口额	资本品出口额	原材料比重	中间品比重	消费品比重	资本品比重
2001	724.17	55.68	139.23	158.89	370.37	0.0769	0.1923	0.2194	0.511
2002	699.13	54.25	136.53	161.19	347.15	0.0776	0.1953	0.2306	0.497
2003	716.97	59.45	146.95	168.34	342.22	0.0829	0.2050	0.2348	0.477
2004	800.51	67.08	170.25	184.05	379.13	0.0838	0.2127	0.2299	0.474
2005	876.18	70.97	189.18	207.07	408.96	0.0810	0.2159	0.2363	0.467
2006	958.85	77.51	210.76	232.37	438.21	0.0808	0.2198	0.2423	0.457
2007	1083.60	99.99	245.05	261.96	476.59	0.0923	0.2261	0.2418	0.440
2008	1201.90	133.94	274.41	298.06	495.49	0.1114	0.2283	0.2480	0.412
2009	940.50	97.13	214.58	237.48	391.30	0.1033	0.2282	0.2525	0.416
2010	1129.36	122.63	266.20	285.56	454.98	0.1086	0.2357	0.2529	0.403
2011	1348.42	161.46	315.64	364.73	506.59	0.1197	0.2341	0.2705	0.376
2012	1198.04	93.14	283.32	341.77	479.82	0.0777	0.2365	0.2853	0.400
2013	1198.31	91.07	286.32	343.88	477.04	0.0760	0.2389	0.2870	0.398
2014	1104.19	98.08	256.98	305.00	444.13	0.0888	0.2327	0.2762	0.402

注：产品划分依据 UNCTAD – SoP 对 HS – 2 进行的分组。

数据来源：作者根据 TRAINS 数据库结果整理。

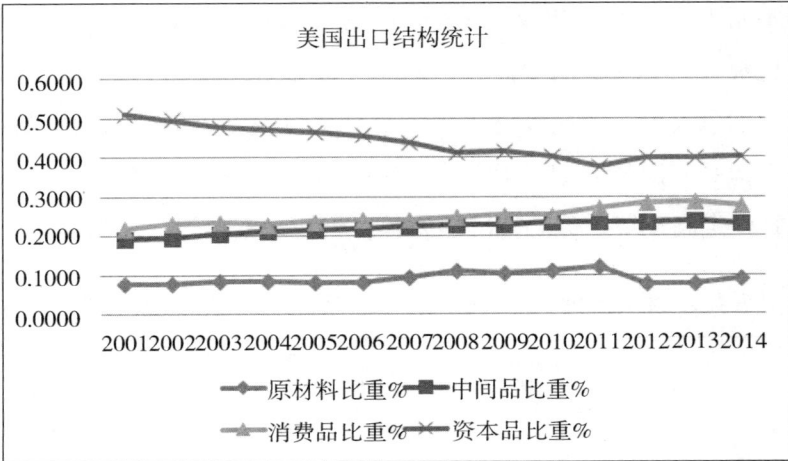

图4.24　2001—2014年美国出口结构统计

数据来源：同上。

4.2.2　TPP其他发达成员国的出口结构分析

1. 加拿大的出口结构分析

加拿大四类产品的出口结构，如图4.25所示，并不像美国那样层次分明，好几类产品的曲线互相交叉。根据2001年统计数据显示（见表4.4），占最大的是消费品，但是到2014年时，四类商品中占比最大的变成了原材料，可见加拿大出口结构并不稳定，在2008年金融危机后发生了显著变化。总体来看，原材料比重从2001年（12.2%）起不断快速上升，到2014年时约占出口额的三成。原材料2008年超过资本品占比，其后继续快速上升，2011年超过中间品，2014年超过消费品。与之相对，资本品和消费品的比重在逐年下降，而中间品的比重保持相对稳定，约占1/4（2014年25.7%）。2004年资本品占比下降到中间品以下，并

且不断下降，2014 年仅占 16.8%。从 2014 年数据来看，原材料
占比最大，其次是消费品、中间品，最后是资本品。作为发达国
家，加拿大没有形成以资本品、消费品为主要出口产品的贸易结
构，但是其原材料以矿物燃料为主，鉴于开发和生产水平较高，
TPP 设定高环境、劳工标准的条款，将增加其出口产品的优势。

表 4.4　加拿大 2001—2014 年出口贸易结构统计（单位：十亿美元）

	出口总额	原材料出口额	中间品出口额	消费品出口额	资本品出口额	原材料比重	中间品比重	消费品比重	资本品比重
2001	251.84	30.63	64.21	87.72	69.29	0.122	0.255	0.3483	0.275
2002	244.93	30.97	61.22	84.93	67.80	0.126	0.250	0.3468	0.277
2003	262.77	34.82	64.01	95.30	68.63	0.133	0.244	0.3627	0.261
2004	304.77	44.38	79.84	107.48	73.07	0.146	0.262	0.3527	0.240
2005	342.65	52.64	87.38	121.12	81.51	0.154	0.255	0.3535	0.238
2006	366.30	65.37	95.89	122.72	82.32	0.178	0.262	0.3350	0.225
2007	396.59	77.10	108.48	124.62	86.39	0.194	0.274	0.3142	0.218
2008	432.70	113.84	111.39	127.26	80.21	0.263	0.257	0.2941	0.185
2009	295.89	74.00	73.19	88.32	60.38	0.250	0.247	0.2985	0.204
2010	369.97	94.25	100.67	110.97	64.09	0.255	0.272	0.2999	0.173
2011	428.53	127.33	109.94	120.40	70.86	0.297	0.257	0.2810	0.165
2012	398.74	110.69	103.39	114.98	69.67	0.278	0.259	0.2884	0.175
2013	403.28	113.80	104.08	116.03	69.37	0.282	0.258	0.2877	0.172
2014	416.33	124.98	106.95	114.52	69.89	0.300	0.257	0.2751	0.168

注：产品划分依据 UNCTAD – SoP 对 HS – 2 进行的分组。

数据来源：同上。

图 4.25

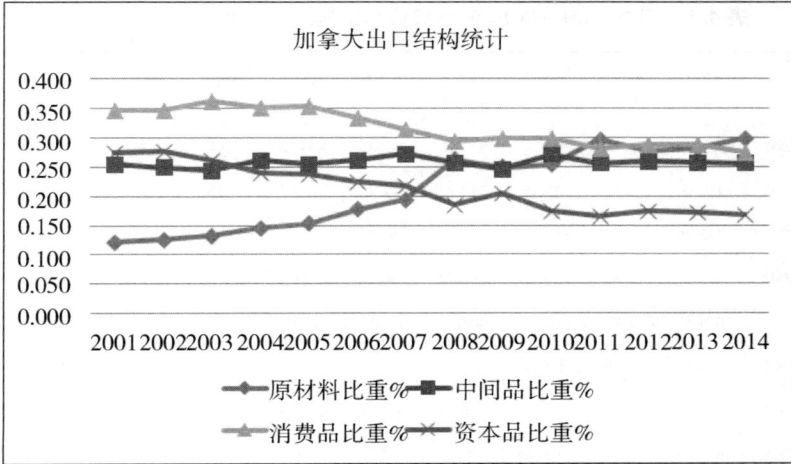

图 4.25　2001—2014 年加拿大出口结构统计

数据来源：同上。

2. 日本的出口结构分析

日本四类产品的出口结构层次非常清晰，从 2001 年到 2014 年，资本品占据最大出口比重，占日本出口的一半左右，但是呈缓慢下降趋势，2001 年占 56.7%，2014 年降为 49.8%（如图 4.26），其次是消费品、中间品，仅出口很少的原材料。四类产品的排序关系和美国非常类似，但是原材料比重极低是日本出口结构最大的特点。其中，消费品在 1/4 的水平上小幅波动，2014 年为 25.6%，中间品则缓慢上升（2001 年 16.83%，2014 年为 23.18%）。原材料出口最大水平仅为 1.44%（2014 年），其他各年均在此水平以下。由此可见，日本出口结构的特点是，以技术、资本密集的资本品为主，很少出口原材料。

表 4.5　日本 2001—2014 年出口贸易结构统计（单位：十亿美元）

	出口 总额	原材料 出口额	中间品 出口额	消费品 出口额	资本品 出口额	原材料 比重	中间品 比重	消费品 比重	资本品 比重
2001	429.17	3.13	72.24	110.25	243.55	0.0073	0.1683	0.257	0.567
2002	439.94	2.77	75.19	119.81	242.17	0.0063	0.1709	0.272	0.550
2003	495.46	3.41	85.21	126.55	280.29	0.0069	0.1720	0.255	0.566
2004	586.70	4.81	104.45	140.92	336.52	0.0082	0.1780	0.240	0.574
2005	630.78	5.80	116.77	158.41	349.80	0.0092	0.1851	0.251	0.555
2006	666.75	6.76	129.63	169.97	360.39	0.0101	0.1944	0.255	0.541
2007	746.65	7.87	151.43	198.56	388.80	0.0105	0.2028	0.266	0.521
2008	807.65	9.09	166.13	220.32	412.12	0.0113	0.2057	0.273	0.510
2009	604.45	7.94	135.34	154.58	306.59	0.0131	0.2239	0.256	0.507
2010	768.56	9.10	175.17	182.49	401.80	0.0118	0.2279	0.237	0.523
2011	849.86	10.63	193.80	202.84	442.59	0.0125	0.2280	0.239	0.521
2012	614.86	4.94	129.75	173.02	307.15	0.0080	0.2110	0.281	0.500
2013	620.11	5.06	136.21	175.10	303.73	0.0082	0.2197	0.282	0.490
2014	674.89	9.74	156.46	172.49	336.20	0.0144	0.2318	0.256	0.498

注：产品划分依据 UNCTAD – SoP 对 HS – 2 进行的分组。

数据来源：同上。

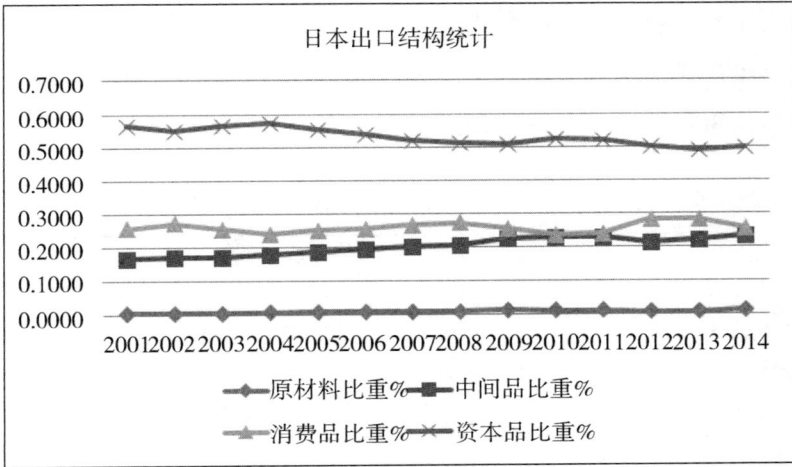

图4.26 2001—2014年日本出口结构统计

数据来源：同上。

3. 新加坡的出口结构分析

新加坡出口结构层次清晰，保持了发达国家一贯的特点，出口当中以资本品占最多，其次是消费品、中间品，很少出口原材料。但是从2001年起，其出口中的资本品比重快速下降（2001年高达63.7%），中间又出现过波动，最低水平为43.9%（2008年），2014年变为53.3%，超过出口额的一半（见表4.6），表现为先下降后上升。与之相对，如图4.27所示，在资本品下降的年份，消费品比重往往上升，看上去有此消彼长的关系，呈现先上升后下降，最高年份为2008年（36.7%）尽管如此，2014年消费品比重较2001年略有提高，达到24.1%。中间品出口相对稳定地缓慢上升，从2001年的14.9%，到2014年的21.7%。原材料较少出口，且不断降低，2014年约占0.83%。从新加坡的出口结构来看，技术、资本密集的资本品占据绝对主导的地位，甚至其比重高于美国和日本的资本品比重，与此同时，新加坡原材料出口比重极低，甚至低于日本。

表 4.6　新加坡 2001—2014 年出口贸易结构统计（单位：十亿美元）

	出口总额	原材料出口额	中间品出口额	消费品出口额	资本品出口额	原材料比重	中间品比重	消费品比重	资本品比重
2001	82.92	1.056	12.39	16.66	52.81	0.01273	0.149	0.201	0.637
2002	102.97	1.143	17.26	26.46	58.11	0.01110	0.168	0.257	0.564
2003	102.92	1.064	19.75	21.45	60.66	0.01033	0.192	0.208	0.589
2004	126.49	1.618	24.01	28.89	71.98	0.01279	0.190	0.228	0.569
2005	149.40	1.681	27.46	40.90	79.36	0.01125	0.184	0.274	0.531
2006	165.72	1.763	30.62	49.53	83.81	0.01064	0.185	0.299	0.506
2007	181.57	1.936	36.08	55.58	87.97	0.01066	0.199	0.306	0.485
2008	204.69	2.669	36.95	75.17	89.90	0.01304	0.180	0.367	0.439
2009	167.90	1.857	33.73	54.36	77.95	0.01106	0.201	0.324	0.464
2010	209.72	2.016	42.03	66.34	99.33	0.00961	0.200	0.316	0.474
2011	240.52	2.652	51.11	79.65	107.10	0.01102	0.213	0.331	0.445
2012	208.19	2.140	43.44	70.57	92.04	0.01028	0.209	0.339	0.442
2013	201.34	1.920	40.62	65.96	92.83	0.00954	0.202	0.328	0.461
2014	166.02	1.381	36.04	40.08	88.53	0.00832	0.217	0.241	0.533

注：产品划分依据 UNCTAD - SoP 对 HS - 2 进行的分组。

数据来源：同上。

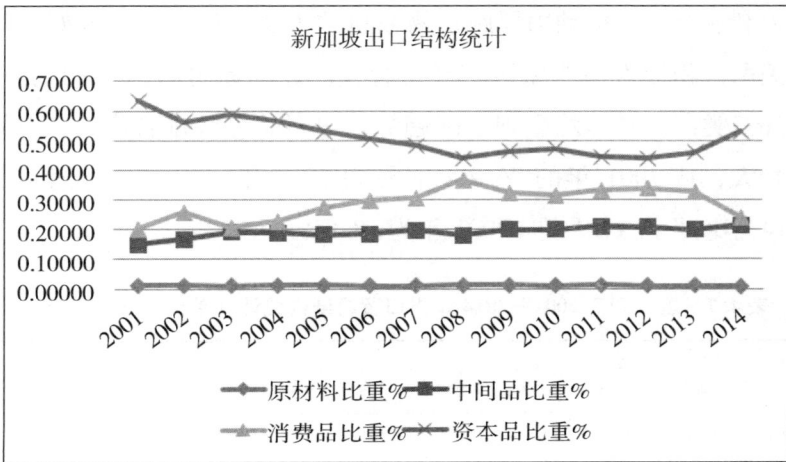

图 4.27　2001—2014 年新加坡出口结构统计

数据来源：同上。

4. 澳大利亚的出口结构分析

澳大利亚出口结构中四种产品的分布层次较清晰。和前面的发达国家都不相同，四类产品的占比排序是，原材料排第一，其次是中间品、消费品，最后是资本品（如图 4.28）。长期以来（2001 年至 2014 年），其资本品出口占比都最低，并且呈逐年下降趋势，2001 年占 7.8%，2014 年下降到 3.7%。对于原材料，其在出口中的比重除 2011 年到 2013 年明显下降外，总体保持了较快增长，2001 年在澳大利亚出口中就接近一半（47.2%），到 2014 年已经大大超过 2001 年变为 68.1%。这种严重依赖原材料的出口结构在发达国家中极为少见，可以想象，这种较强依赖矿石、矿物燃料、金属制品的出口，很容易因为国际矿产资源的价格波动而影响出口，在后金融危机时期潜藏着不稳定因素，因此澳大利亚有很大的动力要跟矿物原料的重要进口国保持较好的经贸关系，积极参与亚太区域经济合作。伴随原材料占比的上升，另外三类产品总体均呈现下降趋势，中间品尽管排名第二，但降幅最大，从 2001 年的 26.2% 下降到 2014 年的 14.1%，消费品 2014 年也约占 14.1%（2001 年为 18.8%）。

表 4.7　澳大利亚 2001—2014 年出口贸易结构统计（单位：十亿美元）

	出口总额	原材料出口额	中间品出口额	消费品出口额	资本品出口额	原材料比重	中间品比重	消费品比重	资本品比重
2001	64.02	30.20	16.80	12.03	4.981	0.472	0.262	0.188	0.078
2002	65.86	31.22	16.88	12.25	5.500	0.474	0.256	0.186	0.084
2003	70.61	31.86	18.78	13.97	5.999	0.451	0.266	0.198	0.085
2004	89.56	44.24	21.84	16.78	6.696	0.494	0.244	0.187	0.075
2005	109.96	57.23	25.69	19.40	7.640	0.520	0.234	0.176	0.069
2006	126.11	65.52	31.28	20.95	8.361	0.520	0.248	0.166	0.066
2007	152.51	75.99	42.58	24.21	9.731	0.498	0.279	0.159	0.064
2008	198.49	118.28	40.49	28.50	11.220	0.596	0.204	0.144	0.057
2009	170.11	100.14	34.94	26.12	8.910	0.589	0.205	0.154	0.052
2010	214.04	135.31	40.82	27.77	10.129	0.632	0.191	0.130	0.047
2011	263.88	179.17	41.15	32.67	10.898	0.679	0.156	0.124	0.041
2012	170.42	93.77	33.78	32.19	10.674	0.550	0.198	0.189	0.063
2013	161.38	85.15	33.10	32.64	10.493	0.528	0.205	0.202	0.065
2014	223.36	152.07	31.38	31.60	8.305	0.681	0.141	0.141	0.037

注：产品划分依据 UNCTAD – SoP 对 HS – 2 进行的分组。

数据来源：同上。

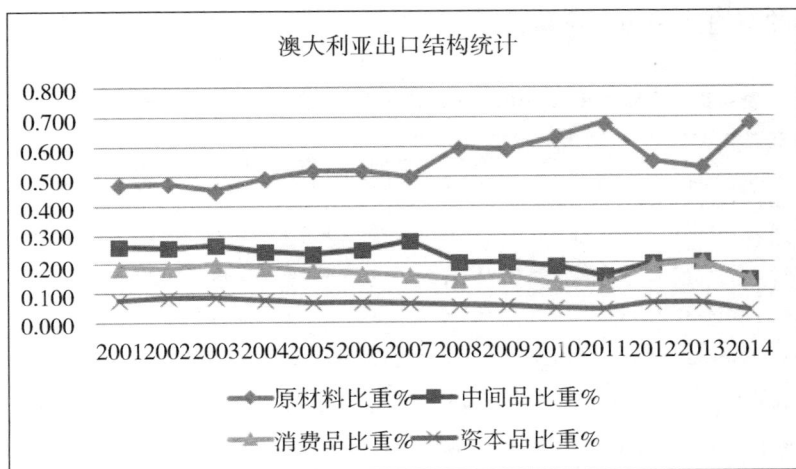

澳大利亚出口结构统计

图4.28　2001—2014年澳大利亚出口结构统计

数据来源：同上。

5. 新西兰的出口结构分析

新西兰的出口结构较为清晰，但是与澳大利亚类似，原材料占比较高，资本品和消费品占比较低（如图4.29）。在2012年之前，原材料都占据了出口的主要地位，最大时达到36.83%，2012年以后中间品超过原材料，排名第一（2014年中间品占36.9%，原材料占34.07%），总体来看，中间品和原材料交替承担着第一名的位置。排名第三的是消费品，稳中有波动，2014年占22.67%，排名最低的就是资本品，并且呈现下降趋势，2001年为7.57%，2014年下降为6.4%（见表4.8）。这样较为依赖原材料和中间品出口、极少资本品出口的贸易结构，在发达国家中也较为少见，和澳大利亚类似，新西兰未来在贸易政策方面会加紧推动与重要的原材料、中间品市场的合作，即增强与亚太经济体的双边或多边经济贸易合作。

表 4.8   新西兰 2001—2014 年出口贸易结构统计（单位：十亿美元）

	出口 总额	原材料 出口额	中间品 出口额	消费品 出口额	资本品 出口额	原材料 比重	中间品 比重	消费品 比重	资本品 比重
2001	14.52	5.02	5.21	3.192	1.10	0.3456	0.359	0.2199	0.0757
2002	14.08	4.94	4.75	3.321	1.07	0.3510	0.338	0.2358	0.0757
2003	16.65	5.90	5.43	3.867	1.45	0.3545	0.326	0.2323	0.0873
2004	19.65	6.83	6.36	4.590	1.87	0.3475	0.324	0.2336	0.0950
2005	20.88	7.33	6.71	4.943	1.90	0.3510	0.321	0.2368	0.0908
2006	21.49	7.18	7.18	5.099	2.03	0.3342	0.334	0.2372	0.0945
2007	25.44	8.47	8.78	5.990	2.20	0.3330	0.345	0.2355	0.0864
2008	29.54	10.76	9.77	6.660	2.35	0.3642	0.331	0.2255	0.0796
2009	24.39	8.69	7.75	5.959	1.99	0.3565	0.318	0.2443	0.0814
2010	28.85	10.15	9.51	6.770	2.42	0.3519	0.330	0.2347	0.0837
2011	35.80	13.18	11.96	7.989	2.67	0.3683	0.334	0.2232	0.0745
2012	28.65	9.32	9.39	7.425	2.52	0.3252	0.328	0.2592	0.0878
2013	29.36	9.06	10.07	7.760	2.47	0.3086	0.343	0.2643	0.0842
2014	34.25	11.67	12.63	7.763	2.19	0.3407	0.369	0.2267	0.0640

注：产品划分依据 UNCTAD – SoP 对 HS – 2 进行的分组。

数据来源：同上。

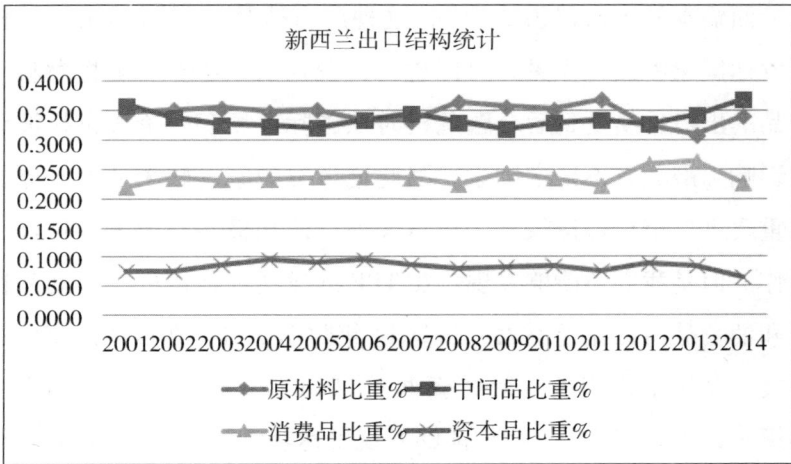

图 4.29 2001—2014 年新西兰出口结构统计

数据来源：同上。

总结来看，TPP 发达成员国中，呈现出两种贸易结构特点，一类是美国、日本、新加坡，出口中表现出显著的技术和资本密集的特性，资本品占绝大多数（四成以上），其次是消费品、中间品（二者相对接近，但前者大于后者），最低的是原材料，对于美国这样的资源大国，其原材料的出口平均不到一成。鉴于前文的分类，我们可以看出，原材料往往是那些未经加工的或比较初级的农产品、矿产品或木材产品，其增加值一般来说并不高，所以传统发达国家较少出口这类产品。而 TPP 的另一类发达国家，如加拿大、澳大利亚、新西兰，它们的出口当中原材料往往占比巨大（加拿大 2014 年原材料占 30%、澳大利亚占 68.1%、新西兰占 34.07%），而资本品比重很低，这跟这些发达国家的资源结构特点密切相关，其中澳大利亚 2014 年的原材料出口接近七成，而资本品出口仅占 3.7%，这种严重依赖原材料的出口结构在发达国家中极为少见，可以想象，较强依赖矿石、矿物燃料等产品的出口，易受到后金融危机时期国际市场矿产资源价格波动的影响，潜藏着不稳定因素，因此这一类国家有较大动力与原材料重要进口市场保持较好的经贸关系，即积极参与亚太区域经济合作。但是我们还能够发现，在 TPP 的发达成员国中，中间品往往和消费品占比相差不大，从 2014 年数据来看，在这些国家中这两类产品比重很接近（除了新西兰 2014 年中间品出口占四类中的第一，为 36.9%）。我们能够发现发达经济体的出口结构特点，中间品普遍持续占据重要地位，是现代工业化国家出口结构的一个显著特征。

4.2.3　TPP 发展中成员的出口结构分析

1. 墨西哥的出口结构分析

墨西哥四类产品的出口层次非常清晰。从 2001 年到 2014 年，资本品一直排第一位，占较大比重，其次是消费品，再次是原材料，最后是中间品。其中资本品呈现上升趋势，而消费品快速递减；原材料比重先增后减，而排名最低的中间品缓慢递增（如图 4.30 所示）。墨西哥经济受美国的带动，其出口中的技术和资本含量在不断上升，但是其出口的资本品如车辆、机械产品、电子产品等，与发达国家的该类产品并不在一个水平上。考虑到资本品中也含有机械的零部件等，墨西哥的加工贸易（如汽车零部件），以及美国、德国、日本等国对墨西哥的 FDI（如汽车产业 FDI），增加了墨西哥出口中资本品的比重（2014 年资本品占

45.5%，见表4.9）。进而，墨西哥需要与这些FDI母国通过更高标准的区域经济合作建立更紧密的经济联系，与此同时，通过TPP协议开放市场，将有更多发达国家的跨国公司利用墨西哥的廉价劳动力和资源进行跨国投资。

表4.9　墨西哥2001—2014年出口贸易结构统计（单位：十亿美元）

	出口总额	原材料出口额	中间品出口额	消费品出口额	资本品出口额	原材料比重	中间品比重	消费品比重	资本品比重
2001	153.40	17.66	12.69	58.70	64.35	0.115	0.083	0.3827	0.419
2002	155.60	19.06	13.58	58.75	64.22	0.122	0.087	0.3776	0.413
2003	161.55	23.39	14.66	57.71	65.79	0.145	0.091	0.3572	0.407
2004	184.46	28.80	17.87	62.54	75.25	0.156	0.097	0.3391	0.408
2005	207.54	36.78	20.76	69.03	80.98	0.177	0.100	0.3326	0.390
2006	243.28	45.54	23.16	82.33	92.25	0.187	0.095	0.3384	0.379
2007	267.05	48.57	26.11	90.41	101.97	0.182	0.098	0.3386	0.382
2008	284.00	58.03	29.89	92.68	103.39	0.204	0.105	0.3263	0.364
2009	227.93	37.77	23.10	74.66	92.40	0.166	0.101	0.3275	0.405
2010	305.86	51.09	32.37	93.21	129.18	0.167	0.106	0.3048	0.422
2011	364.45	71.13	41.86	104.51	146.94	0.195	0.115	0.2868	0.403
2012	367.83	65.79	41.87	106.35	153.82	0.179	0.114	0.2891	0.418
2013	370.16	60.74	38.46	110.13	160.82	0.164	0.104	0.2975	0.434
2014	382.46	57.01	39.04	112.25	174.16	0.149	0.102	0.2935	0.455

注：产品划分依据 UNCTAD - SoP 对 HS - 2 进行的分组。

数据来源：同上。

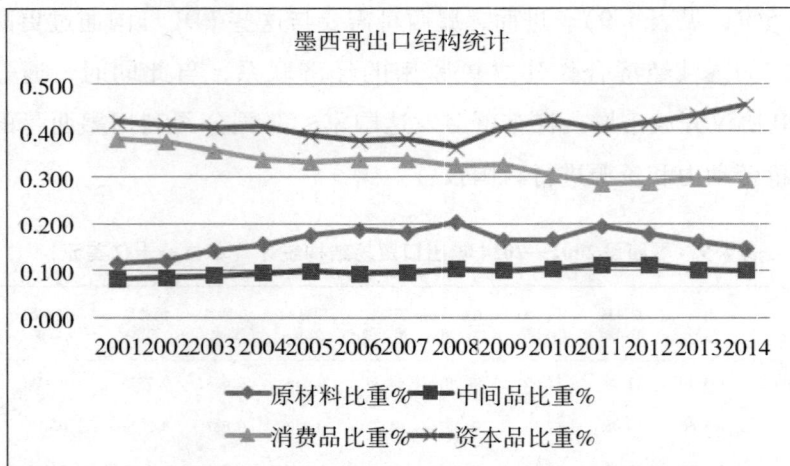

墨西哥出口结构统计

图 4.30　2001—2014 年墨西哥出口结构统计

数据来源：同上。

2. 马来西亚的出口结构分析

马来西亚四类出口产品分布也比较清晰。资本品排在首位，先逐年降低后略有回升；消费品排在第二（2014 年 32.37%），与资本品相对，先逐年升高后略有下降；后两位分别是中间品（2014 年 12.03%）和原材料（2014 年 6.29%），占比基本稳定，2014 年略有下降（如图 4.31 所示）。具体来看，马来西亚的资本品从 2001 年开始（超过一半以上）就保持了较高的占比，2014 年变为 49.3%，高出了墨西哥的资本品比重。与前面对比可以发现，马来西亚的四类产品的曲线与新加坡十分相似，这实际上与马来西亚和新加坡经济往来十分紧密有关。与此同时，马来西亚也从事很多关于电子、电器产品的加工贸易，并作为亚洲地区吸引 FDI 较大的国家，投入到矿产冶炼、设备制造、化工、电子工业等领域，使得其出口当中资本品比重明显高于其他类产品。为了促进这些行业的快速发展，未来马来西亚还会更多地参与到与TPP成员或是亚洲其他国家的贸易、投资合作中。

表4.10 马来西亚2001—2014年出口贸易结构统计（单位：十亿美元）

	出口总额	原材料出口额	中间品出口额	消费品出口额	资本品出口额	原材料比重	中间品比重	消费品比重	资本品比重
2001	106.29	5.13	12.11	26.19	62.86	0.0483	0.1139	0.2464	0.591
2002	118.59	7.25	14.46	28.53	68.36	0.0611	0.1219	0.2406	0.576
2003	130.16	6.50	15.62	28.94	79.11	0.0499	0.1200	0.2224	0.608
2004	153.53	9.38	19.15	33.36	91.65	0.0611	0.1247	0.2173	0.597
2005	172.08	11.04	21.11	37.58	102.36	0.0642	0.1227	0.2184	0.595
2006	191.29	13.99	24.12	41.54	111.64	0.0731	0.1261	0.2172	0.584
2007	213.92	15.17	28.76	55.07	114.92	0.0709	0.1344	0.2574	0.537
2008	239.00	21.50	32.92	69.58	115.01	0.0900	0.1377	0.2911	0.481
2009	197.68	14.99	26.97	58.27	97.45	0.0758	0.1364	0.2948	0.493
2010	253.96	21.47	32.71	72.25	127.52	0.0845	0.1288	0.2845	0.502
2011	294.08	24.97	41.33	93.37	134.41	0.0849	0.1405	0.3175	0.457
2012	209.81	14.58	29.59	78.85	86.79	0.0695	0.1410	0.3758	0.414
2013	229.34	15.71	31.86	88.44	93.33	0.0685	0.1389	0.3856	0.407
2014	258.91	16.30	31.14	83.80	127.68	0.0629	0.1203	0.3237	0.493

注：产品划分依据 UNCTAD – SoP 对 HS – 2 进行的分组。

数据来源：同上。

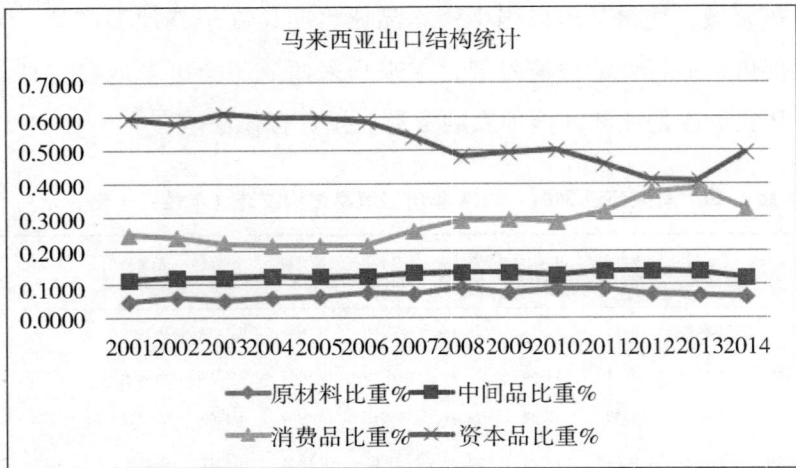

图 4.31　2001—2014 年马来西亚出口结构统计

数据来源：同上。

3. 越南的出口结构分析

2001 年至 2014 年越南出口中排名第一位的始终是消费品，但是呈现逐年下降趋势，从 2001 年的 47.3% 下降到 2014 年的 39.8%；而排名最低的始终是中间品（如图 4.32），稳中有小幅上升（2014 年占 7.88%）。其中，资本品从 2001 年起快速上升，2012 年超过原材料，成为排名第二的出口产品类别（2014 年占 39.7%），2014 年时与消费品已经非常接近，仅差 0.1 个百分点。与之相对的是，越南原材料出口在不断降低，2001 年达 39.0%，2014 年降为 12.6%（见表 4.11）。由于越南出口的主要产品为水产品、蔬果、咖啡、大米、橡胶、纺织品、鞋类等，所以出口中的消费品比重一直较高，与此同时，由于原材料出口中橡胶、煤炭出口不断下降（最主要市场是中国），其原材料比重逐渐下降，随着电话及零件类产品出口的不断增加，进行加工贸易，加上外国直接投资企业的大量出口（东南亚地区吸引外资能力较强的国家），使得越南出口结构中资本品的比重不断上升。由于越南农产品、矿物燃料的出口较为依赖中国、马来西亚，纺织品、鞋类、电话和零件出口较为依赖美国、欧盟、韩国等，加入 TPP 将会为其纺织品等进入美国市场带来好处，与此同时越南也不会放弃与中国等亚洲其他经济体的优惠贸易安排的推进。

表 4.11　越南 2001—2014 年出口贸易结构统计（单位：十亿美元）

	出口总额	原材料出口额	中间品出口额	消费品出口额	资本品出口额	原材料比重	中间品比重	消费品比重	资本品比重
2001	14.43	5.63	0.89	6.83	1.08	0.3900	0.0616	0.473	0.075
2002	17.13	5.65	1.30	8.96	1.22	0.3300	0.0758	0.523	0.071
2003	21.65	7.21	1.17	11.84	1.43	0.3333	0.0539	0.547	0.066
2004	27.81	9.54	1.53	14.72	2.02	0.3430	0.0549	0.530	0.073
2005	33.92	12.26	1.97	17.05	2.64	0.3615	0.0580	0.503	0.078
2006	40.84	14.50	2.86	19.84	3.65	0.3549	0.0700	0.486	0.089
2007	50.72	16.89	3.90	24.77	5.16	0.3330	0.0769	0.488	0.102
2008	64.99	21.07	5.72	31.02	7.17	0.3243	0.0880	0.477	0.110
2009	58.87	16.23	4.62	30.60	7.42	0.2757	0.0785	0.520	0.126
2010	73.84	16.57	7.48	37.34	12.45	0.2244	0.1013	0.506	0.169
2011	97.70	22.78	10.91	42.87	21.14	0.2331	0.1117	0.439	0.216
2012	102.63	16.31	9.90	43.93	32.49	0.1589	0.0965	0.428	0.317
2013	117.92	14.55	10.96	49.31	43.10	0.1234	0.0929	0.418	0.366
2014	134.10	16.89	10.56	53.39	53.26	0.1260	0.0788	0.398	0.397

注：产品划分依据 UNCTAD – SoP 对 HS – 2 进行的分组。

数据来源：同上。

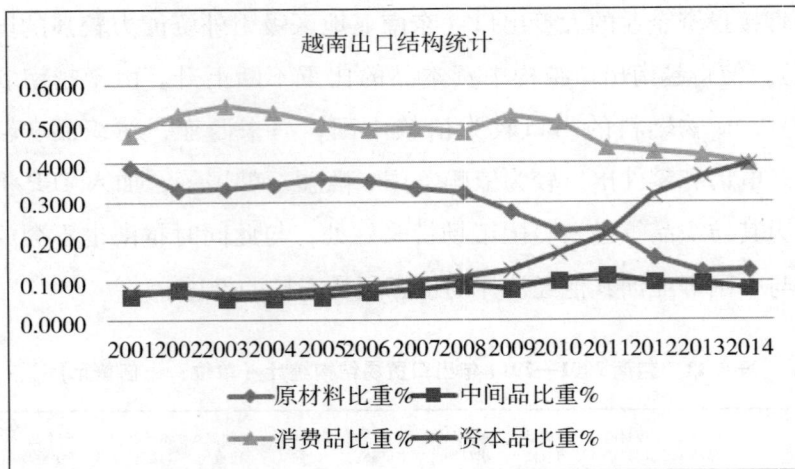

图 4. 32　2001—2014 年越南出口结构统计

数据来源：同上。

4. 智利的出口结构分析

智利四类产品出口结构分布比较清晰。中间品始终位列第一，原材料排名第二，后两位分别是消费品和资本品（如图 4.33 所示）。其中中间品占近五成，2001 年为 47.8%，2014 年变为 50.4%；原材料紧随其后，稳重有增（2001 年 36.1%，2014 年 39.8%）。消费品比重较低，2014 年降为 8.32%。特别的是，资本品出口比重持续保持在很低的位置，2014 年仅占 1.48%。表现出明显的发展中国家特性，以中间品和原材料的出口为主，较少出口资本品、消费品。但是智利与中国、美国、韩国等出口市场关联度较高，作为一个经济不发达的小国，参加亚太地区的经济合作对其会有积极作用。

表 4.12　智利 2001—2014 年出口贸易结构统计（单位：十亿美元）

	出口总额	原材料出口额	中间品出口额	消费品出口额	资本品出口额	原材料比重	中间品比重	消费品比重	资本品比重
2001	18.82	6.80	8.99	2.66	0.37	0.361	0.478	0.1413	0.0196
2002	18.95	6.93	9.21	2.45	0.36	0.366	0.486	0.1292	0.0190
2003	22.32	8.40	10.76	2.76	0.41	0.376	0.482	0.1234	0.0184
2004	33.63	13.37	16.38	3.31	0.57	0.398	0.487	0.0985	0.0168
2005	41.50	17.31	19.41	4.11	0.67	0.417	0.468	0.0990	0.0162
2006	59.18	24.20	29.80	4.44	0.74	0.409	0.504	0.0750	0.0125
2007	67.24	25.79	35.45	5.07	0.93	0.384	0.527	0.0753	0.0138
2008	69.35	27.57	34.87	5.83	1.07	0.398	0.503	0.0841	0.0155
2009	53.19	20.17	27.15	5.04	0.82	0.379	0.511	0.0948	0.0154
2010	70.05	26.81	37.24	5.24	0.76	0.383	0.532	0.0748	0.0109
2011	84.95	32.47	44.82	6.35	1.31	0.382	0.528	0.0748	0.0155
2012	54.20	22.41	25.14	5.35	1.30	0.413	0.464	0.0987	0.0240
2013	53.88	22.31	24.12	5.94	1.51	0.414	0.448	0.1102	0.0280
2014	65.58	26.07	33.08	5.46	0.97	0.398	0.504	0.0832	0.0148

注：产品划分依据 UNCTAD – SoP 对 HS – 2 进行的分组。

数据来源：同上。

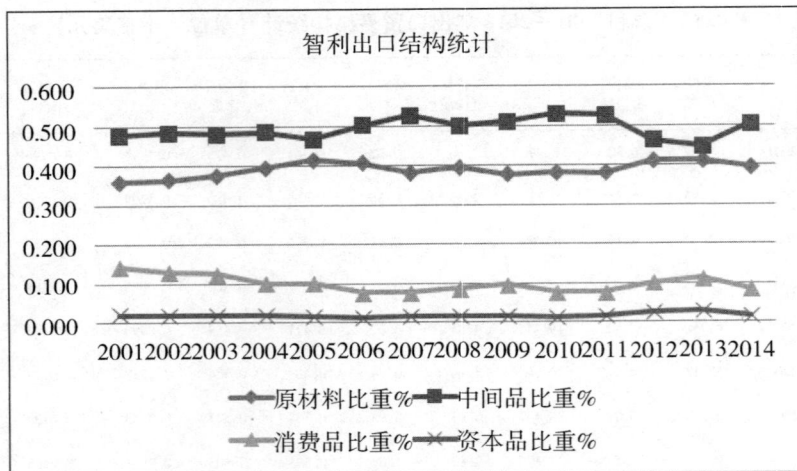

图 4.33　2001—2014 年智利出口结构统计

数据来源：同上。

5. 秘鲁的出口结构分析

秘鲁与智利类似，以中间品和原材料的出口为主，消费品和资本品较少（见图 4.34），尤其是资本品出口比重极低，如表 4.13 所示，2014 年仅为 0.72%。其中原材料出口不断上升，虽然 2001 年仅为 23.8%，但 2014 年已经超过中间品，上升到第一位，占 45.4%。中间品出口比重经历了先升后降，由 2001 年的 55.3%，变为 2014 年的 39.4%。秘鲁的出口表现出发展中国家以初级产品和粗加工中间品为主的特点，以小国身份参与到大国主导的区域经济合作中，能够将其原材料、中间品更便利地卖到发达的大市场。

表 4.13　秘鲁 2001—2014 年出口贸易结构统计（单位：十亿美元）

	出口总额	原材料出口额	中间品出口额	消费品出口额	资本品出口额	原材料比重	中间品比重	消费品比重	资本品比重
2001	6.91	1.64	3.82	1.36	0.09	0.238	0.553	0.196	0.0127
2002	7.64	2.10	4.04	1.43	0.07	0.274	0.528	0.188	0.0097
2003	8.76	2.45	4.57	1.61	0.12	0.280	0.522	0.184	0.0138
2004	12.82	4.08	6.58	2.09	0.07	0.318	0.514	0.163	0.0057
2005	17.20	5.80	7.94	3.33	0.14	0.337	0.462	0.193	0.0081
2006	23.03	9.17	10.11	3.61	0.13	0.398	0.439	0.157	0.0056
2007	27.68	13.14	10.15	4.23	0.15	0.475	0.367	0.153	0.0055
2008	29.64	12.64	11.25	5.47	0.29	0.426	0.379	0.184	0.0097
2009	23.49	9.92	9.17	4.17	0.23	0.422	0.390	0.177	0.0099
2010	32.76	14.95	12.16	5.35	0.30	0.456	0.371	0.163	0.0092
2011	42.29	19.26	14.48	7.99	0.56	0.455	0.342	0.189	0.0132
2012	30.78	12.12	11.88	6.20	0.59	0.394	0.386	0.201	0.0191
2013	29.76	11.49	12.21	5.53	0.53	0.386	0.410	0.186	0.0179
2014	34.39	15.61	13.56	4.97	0.25	0.454	0.394	0.145	0.0072

注：产品划分依据 UNCTAD – SoP 对 HS – 2 进行的分组。

数据来源：同上。

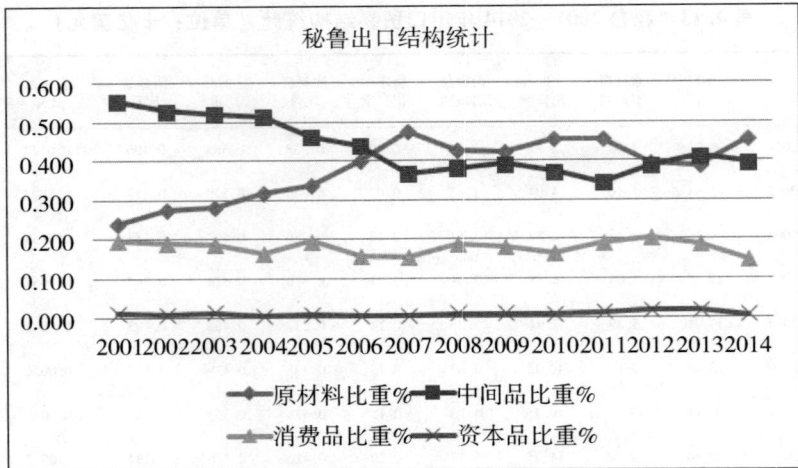

图 4.34　2001—2014 年秘鲁出口结构统计

数据来源：同上。

6. 文莱的出口结构分析

文莱的出口结构相对单一，资本品和中间品几乎没有，消费品和原材料的出口共同构成了整个出口的总体。消费品增长时，原材料就降低（如图 4.24），但是二者均保持了相对较高的水平，其中原材料平均比重高于消费品，原材料先增后降，而消费品先降后增，2014 年消费品排第一位，占 55.9%，而原材料位列第二，占 42.1%，中间品仅为 1.7%，资本品仅占 0.32%。文莱较为依赖亚洲市场，以小国身份参与大国主导的亚太经济合作，能够带动其经济增长、出口增加。

表4.14 文莱2001—2014年出口贸易结构统计（单位：十亿美元）

	出口总额	原材料出口额	中间品出口额	消费品出口额	资本品出口额	原材料比重	中间品比重	消费品比重	资本品比重
2001	3.61	1.52	0.019	2.02	0.01367	0.421	0.0053	0.560	0.01367
2002	3.89	1.93	0.013	1.91	0.00767	0.497	0.0034	0.492	0.00767
2003	4.25	2.10	0.028	2.11	0.00251	0.494	0.0065	0.496	0.00251
2004	4.88	2.70	0.020	2.12	0.00851	0.553	0.0041	0.434	0.00851
2005	6.16	3.81	0.020	2.28	0.00846	0.619	0.0032	0.370	0.00846
2006	7.82	5.25	0.020	2.52	0.00334	0.672	0.0026	0.322	0.00334
2007	7.98	5.34	0.051	2.57	0.00277	0.669	0.0063	0.322	0.00277
2008	9.49	4.53	0.048	4.88	0.00345	0.477	0.0050	0.514	0.00345
2009	7.76	3.89	0.058	3.78	0.00526	0.501	0.0075	0.486	0.00526
2010	8.89	4.51	0.124	4.23	0.00328	0.507	0.0140	0.475	0.00328
2011	12.28	6.08	0.220	5.93	0.00332	0.495	0.0179	0.483	0.00332
2012	12.20	5.70	0.220	6.23	0.00416	0.467	0.0180	0.511	0.00416
2013	11.09	5.13	0.152	5.77	0.00316	0.463	0.0137	0.520	0.00316
2014	8.76	3.68	0.149	4.90	0.00320	0.421	0.0170	0.559	0.00320

注：产品划分依据 UNCTAD-SoP 对 HS-2 进行的分组。

数据来源：同上。

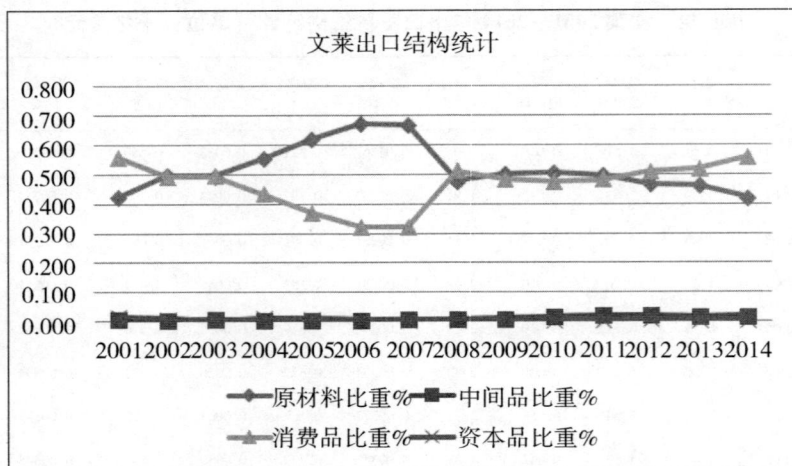

图 4.24　2001—2014 年文莱出口结构统计

数据来源：同上。

　　总之，对于 TPP 的发展中成员国，一类是需要更多利用 FDI 为东道国所带来的经济带动效应，或发展加工贸易增强与主要市场的联系度（如墨西哥的汽车工业，马来西亚的电子产业、设备制造），抑或将具有优势的纺织品、鞋帽等更便利地出口到美国等发达国家（如越南）；另一类是经济贸易发展水平都不高的小国，以出口原材料、中间品为主，以小国身份参与到大国主导的区域经济合作中，能够将其原材料、中间品更顺利地出口到其主要市场。

　　举例来说，墨西哥的汽车工业可通过更高标准的区域合作与 FDI 母国建立更紧密的经济联系，与此同时，将有更多发达国家的跨国公司利用其劳动力和资源进行跨国投资。马来西亚积极吸引 FDI 投入到矿产冶炼、设备制造、化工、电子工业等领域，促进这些行业快速发展，未来还会更多参与到与亚洲其他国家的贸易、投资合作中。越南农产品、矿物燃料出口较为依赖中国，纺织品、鞋类、电话和零件出口较为依赖美国，加入 TPP 会为其纺织品等进入美国市场带来好处，与此同时它也不会放弃与中国等亚洲其他经济体优惠贸易安排的推进。

4.3　TPP 成员的平均关税分析

基于前文对 TPP12 国四类商品结构的分析，我们将进一步对12 个成员国 2001—2014 年对其所有出口市场的加权平均关税进行统计，可以得到如表 4.15 到表 4.18 的统计数据，分别按照原材料、中间品、消费品、资本品进行统计。

从 TPP12 个成员国出口原材料的加权平均关税可以看出，从2001 到 2014 年，世界各国出口原材料的平均关税在逐渐下降，2001 年时，世界平均水平为 6.55%（参见表 4.15），这时超过出口原材料平均关税的国家有澳大利亚、加拿大、新西兰、美国，尤其是美国，基本上是平均关税的近三倍，所以对于美国来说，有在世界范围内降低其出口原材料关税的必要。进而通过 WTO等多边一体化组织，全世界范围对原材料的关税都降低了，2014年各国出口原材料加权平均关税仅为 1.47%，这时大于这一世界平均水平的原材料出口国有澳大利亚（1.53%）、新西兰（4.24%）、美国，尤其美国的加权平均关税为 3.61%，超出世界平均水平一倍多。尽管从前文的分析来看，在美国出口结构中，原材料占比比其他三类产品都低，但是原材料中的农产品等与美国的农业部门息息相关，可见通过 WTO 的多边贸易体制没有使得美国的农产品等原材料的出口关税状况达到平均水平，所以美国要在其原材料出口的主要目的地亚太地区开展更为有效的区域 FTA 合作。此外，根据前文的分析，澳大利亚、新西兰都是以原材料出口为主的国家，那么其主要出口产品面临的关税高于世界平均水平，澳大利亚、新西兰有积极融入亚洲地区（其主要出口市场）经济合作的动力，除了 TPP，它们也将与中国等原材料主要市场积极进行 FTA 等的合作。

前文我们分析过，发达国家出口中的共性是，中间品都占有相当的比重，那么从各国出口中间品的加权平均关税来看（如表 4.16 所示），2001 年为 5.7%，此时高于世界平均水平的国家有：澳大利亚、日本、马来西亚、新西兰、新加坡、越南。其后，由于 WTO 成立后在全球范围内推动降低关税，2014 年时中间品世界平均出口关税降为 2.22%，这时高于世界平均水平的国家是日本（3.21%）、新西兰（5.37%）、美国（2.41%），可见随着 WTO 的不断推进，美国中间品关税的情况不仅没有变好，反而在 2014 年高出了世界平均水平。进而，美国对多边贸易体制的有效性开始质疑，于是需要在区域范围内推动中间品出口面临的关税的降低，尤其是金融危机后，将为美国保证就业做出贡献。

消费品是传统发达国家排名第二位的出口产品，如表 4.17 所示，2001 年各国出口消费品的加权平均关税为 6.44%，高出世界平均水平的国家有：智利、日本、新西兰、秘鲁、新加坡、越南、美国，随着在世界范围内推动提高消费者福利，降低消费品关税水平，2014年时各国出口消费品的平均关税水平降为3.95%，这时高于世界水平的国家有日本、新西兰、越南。从高出世界水平国家的减少可以看出，世界范围内降低消费品关税还是相对有效的，原来TPP12个成员有7个高出世界平均水平，现在仅有3个。鉴于消费品是日本排名第二的出口产品，在TPP合作中日本将会积极推动消费品关税在更大覆盖范围内的降低，这将给日本出口带来很大的好处。此外越南第一的出口品就是消费品，如果TPP大幅降低或取消消费品关税，那么越南将大为受益。

基于前文的分析，资本品是传统发达国家最重要的出口商品，也是快速增长的发展中国家的主要出口产品，从表4.18可以看出，各国资本品出口面临的关税是低于其他三类产品的。2001年各国出口资本品的关税平均水平为3.07%，此时高于世界平均水平的是智利、日本、新西兰、秘鲁、美国。随着资本品关税的降低，2014年平均水平降至1.56%，这时高出世界平均水平的是澳大利亚（1.79%）、日本（2.8%）、美国（1.64%）。对于美国和日本来说，资本品是其最主要的出口产品，却面临了高出世界其他国家资本品的关税，再次表现出WTO的关税降低成果无法体现美国的利益诉求，所以美国需要积极推动有利于自身资本品出口的TPP协议，将更多地使机器设备、电气设备、车辆、航空器、船舶等出口到经济快速增长的亚太地区，从而促进美国经济的振兴并创造更多的就业。日本从自身的利益出发，资本品面临比美国还高的加权平均关税，尽管面临农产品方面的冲击，但是仍有极强的动力参与TPP协议的谈判与实施。

　　总之，通过 WTO 的多边贸易体制没有使得美国的原材料、中间品、资本品的出口关税状况达到平均水平，美国开始对 WTO 多边贸易体制的有效性质疑，于是需要在区域范围内推动原材料、中间品、资本品关税的降低，尤其是金融危机后，原材料与美国农业部门的就业息息相关，资本品是其最主要的出口产品，积极推动 TPP 协议促进机器设备、航空器等资本品出口到世界经济最快速增长的亚太地区，从而促进美国经济的振兴并创造更多的就业。此外，澳大利亚、新西兰的原材料出口、日本的消费品和资本品出口也遇到了高于其他国家平均出口关税的情况，进而这些国家将积极地参与 TPP 的高水平协议，此外还会与其在亚洲的其他重要伙伴如中国等积极开展双边或区域 FTA 合作。

表 4.15　TPP12 成员国 2001—2014 年原材料产品的加权平均关税统计

（单位：%）

	世界	澳大利亚	文莱	加拿大	智利	日本	马来西亚	墨西哥	新西兰	秘鲁	新加坡	越南	美国
2001	6.55	6.57	1.12	7.66	5.5	4.27	3.29	2.33	19.16	2.84	4.23	6.19	18.63
2002	5.47	5.63	0.82	6.74	6.24	3.8	1.48	2.09	14.46	1.74	3.39	3.46	13.16
2003	5.13	5.86	0.95	6.21	6.94	3.54	1.98	1.39	15.05	1.69	4.8	3.42	14.31
2004	4.07	6.46	1	3.42	2.45	2.7	2.1	0.42	15.01	0.63	4.31	3.22	15.61
2005	3.03	4.59	0.9	2.24	2.27	2.5	2.05	0.39	14.63	0.57	4.26	2.48	8.1
2006	2.65	4.09	1.17	1.78	1.65	2.23	2.61	0.63	15.2	0.56	3.23	2.2	12.28
2007	2.73	3.9	1	1.54	1.53	2.48	2.45	0.49	14.28	0.59	2.73	1.97	10.88
2008	2.26	2.42	1.2	1.36	1.46	2	1.95	0.46	12.27	0.53	1.95	2.62	13.76
2009	2.53	2.25	0.66	1.71	1.77	2.01	1.09	0.45	13.37	0.39	1.32	3.12	12.14

续表

	世界	澳大利亚	文莱	加拿大	智利	日本	马来西亚	墨西哥	新西兰	秘鲁	新加坡	越南	美国
2010	2.41	1.95	0.89	1.46	1.4	2.06	1.63	0.37	11.43	0.47	1.3	2.15	14.04
2011	2.32	1.99	1.28	1.42	2.05	1.97	1.52	0.62	9.77	0.39	2.16	2.39	12.28
2012	2.4	1.97	0.65	1.63	2.77	1.35	0.49	0.54	11.49	0.53	1.98	3.85	14.02
2013	2.42	2.35	0.53	0.5	2.41	1.36	0.48	0.26	11.35	0.95	1.41	5.04	7.82
2014	1.47	1.53	0.16	0.5	0.35	1.35	0.09	0.24	4.24	0.13	0.63	1.22	3.61

注：产品划分依据 UNCTAD – SoP 对 HS – 2 进行的分组。

数据来源：作者根据 TRAINS 数据库结果整理。

表 4.16　TPP12 成员国 2001—2014 年中间品的加权平均关税统计（单位：%）

	世界	澳大利亚	文莱	加拿大	智利	日本	马来西亚	墨西哥	新西兰	秘鲁	新加坡	越南	美国
2001	5.7	6.33	3.26	1.2	3.07	6.83	6.36	2.05	8.55	2.83	5.74	6.8	5.42
2002	4.93	6.95	2.64	0.83	1.98	5.71	7.81	1.39	7.48	2.13	4.61	6.19	3.18
2003	4.82	5.14	5.99	1.02	2.54	5.61	7.51	1.19	7.73	1.94	3.85	6.27	5.14
2004	4.01	6.32	2.22	0.68	1.23	5.09	4.66	0.64	6.08	1.32	4.69	5.83	2.72
2005	3.72	4.57	4.02	0.71	1.28	4.77	4.89	0.88	6.55	1.29	4.3	5.47	2.59
2006	3.35	3.97	3.27	0.62	0.53	4.46	4.18	1.02	5.74	0.72	3.21	4.5	2.4
2007	3.41	4.66	7.67	0.95	0.41	4.18	5.03	0.94	7.6	0.83	2.49	4.1	2.4
2008	2.96	3.36	0.56	0.72	0.54	4.02	3.47	0.84	6.6	0.71	2.68	3.96	2.28
2009	3.28	4.34	6.07	1.14	0.5	3.92	4.3	0.8	5.5	0.69	1.63	3.82	2.38
2010	3.2	3.39	0.57	1.01	0.34	3.97	3.26	0.68	5.02	1.41	1.85	3.03	3.49
2011	3.28	3.48	0.91	1.13	0.61	4.13	5.76	0.64	6.14	0.79	2.16	3.65	3.59
2012	2.96	2.99	0.76	0.98	0.66	3.35	6.99	0.52	5.85	0.56	2.44	3.92	3.24
2013	3.09	3.26	1.14	0.86	1.48	3.35	6.95	0.85	5.58	1.11	2.08	3.82	3.18
2014	2.22	2	0.35	0.49	0.15	3.21	1.64	0.6	5.37	0.2	1.05	1.4	2.41

注：产品划分依据 UNCTAD – SoP 对 HS – 2 进行的分组。

数据来源：同上。

表 4.17　TPP12 成员国 2001—2014 年消费品的加权平均关税统计（单位:%）

	世界	澳大利亚	文莱	加拿大	智利	日本	马来西亚	墨西哥	新西兰	秘鲁	新加坡	越南	美国
2001	6.44	6.29	1.74	0.77	9.38	8.56	5.46	1.1	18.75	9.92	7.11	10.45	8.39
2002	5.88	6.37	2.13	0.57	7.13	7.57	5.89	0.94	13.67	8.19	5.74	16.3	4.3
2003	5.79	9.22	1.56	0.78	8.52	7.51	5.46	0.8	14.58	8.86	5.85	9.06	7.6
2004	4.73	6.85	1.57	0.58	3.89	6.98	5.19	0.49	13.85	8.01	5.23	9.99	3.9
2005	4.8	4.92	1.21	0.55	3.85	7.03	6.55	0.84	11.6	6.91	3.38	9.9	3.57
2006	4.65	5.3	0.85	0.56	2.72	7.67	3.35	1.23	11.18	4.71	3.6	9.64	3.78
2007	4.83	3.83	0.77	1.03	3.51	8.94	4.16	1.21	11.42	4.5	3.69	9.41	3.95
2008	4.48	3.16	0.62	0.71	3.11	7.99	3.67	0.76	10.3	3.6	2.78	10.25	3.82
2009	4.48	3.2	0.31	0.81	2.82	7.33	3.48	0.75	9.15	1.42	3.11	9.43	3.99
2010	4.84	5.37	0.27	1.04	2.76	7.9	3.32	0.89	8.28	3.77	2.53	9.22	5.15
2011	4.46	3.67	0.36	1.13	3.88	6.35	3.02	0.85	8.97	1.29	2.05	8.25	4.99
2012	4.11	2.63	0.41	1.04	4.33	5.18	1.8	0.58	7.97	1.19	2.2	8.56	4.28
2013	4.3	2.26	0.59	1.06	5.21	5.2	2.71	1.34	7.46	2.24	2.29	7.99	4.53
2014	3.95	1.61	0.02	0.63	1.2	5.75	1.76	0.81	4.37	0.4	1.57	6.36	3.64

注：产品划分依据 UNCTAD – SoP 对 HS – 2 进行的分组。

数据来源：同上。

表 4.18　TPP12 成员国 2001—2014 年资本品的加权平均关税统计（单位:%）

	世界	澳大利亚	文莱	加拿大	智利	日本	马来西亚	墨西哥	新西兰	秘鲁	新加坡	越南	美国
2001	3.07	3.04	0.4	1.02	10.35	3.99	1.11	0.45	3.1	4.63	1.48	1.85	3.54
2002	2.34	2.75	0.42	0.59	5.48	3.36	0.72	0.39	1.61	5.73	1.26	2.86	1.54
2003	2.55	2.69	0.46	0.84	9.07	3.52	0.65	0.47	1.41	2.89	1.01	1.78	3.08
2004	2.02	2.74	1.37	0.56	1.68	3.31	0.77	0.16	1.49	3.63	1.15	2.9	1.38

续表

	世界	澳大利亚	文莱	加拿大	智利	日本	马来西亚	墨西哥	新西兰	秘鲁	新加坡	越南	美国
2005	1.96	2.28	0.6	0.46	2.74	3.2	0.49	0.22	1.2	4.18	0.94	1.65	1.46
2006	1.79	2.45	3.89	0.48	1.15	2.94	0.43	0.4	1.54	1.22	0.79	1.33	1.31
2007	2.09	2.65	5.69	0.73	0.75	3.69	0.68	0.44	1.41	1.27	0.83	2.1	1.47
2008	2.14	2.4	3.73	0.65	0.69	3.97	0.64	0.32	1.62	2.03	0.85	2.39	1.53
2009	1.99	2.13	3.02	0.76	0.5	3.23	0.54	0.26	1.63	0.97	0.64	1.75	1.66
2010	2.09	2.24	0.93	0.77	0.52	4.28	0.56	0.26	1.7	3.76	0.45	1.35	1.88
2011	2.55	2.67	0.99	0.87	0.46	5.24	0.73	0.28	1.22	1.19	0.74	3.36	1.96
2012	1.6	2.06	0.43	0.69	0.32	2.6	0.4	0.22	1.14	1.47	0.72	0.62	1.63
2013	1.73	1.99	0.71	0.74	1.47	3.05	0.62	0.32	1.29	1.53	0.98	0.82	1.83
2014	1.56	1.79	0.69	0.63	0.26	2.8	0.27	0.22	0.8	0.45	0.23	0.26	1.64

注：产品划分依据 UNCTAD – SoP 对 HS – 2 进行的分组。

数据来源：同上。

第 5 章

TPP 对成员和非成员的经济影响

5.1 TPP 为美国带来的总体利益

5.1.1 工业制成品、农产品、信息和通信产品的获益

TPP 标榜为"新的、高标准"的自由贸易协定，美国政府期待该协定为美国工人和企业提供更加有利的竞争环境，支持更多"美国制造"的产品出口，提供更多高薪的工作岗位。通过减少超过 18 000 种 TPP 成员国对"美国制造"的进口关税，TPP 确保美国的农民、农场主、制造商，中小企业可以在亚太这一世界增长最快的市场进行竞争并成功获利。美国市场之外有超过世界 95% 的消费者分布在其他国家和地区，因此 TPP 协议的达成将显著扩大美国制造的商品和服务的出口市场，进而扩大美国的就业。

TPP 针对美国工人和美国企业的改变是通过减少超过 18 000

种各国对"美国制造"所征收的进口关税，进而为美国工人、企业、农民和农场主提供前所未有的进入亚太地区这一重要新市场的机会。例如，TPP 将消除和减少进口关税，并允许"美国制造"的产品出口到 TPP 缔约国。从美国的工业制成品来看，TPP 旨在消除各成员国对美国出口工业制成品的进口关税，例如平均来看，可消除美国出口到 TPP 成员国机械产品的 59% 水平的进口关税。2014 年，美国向 TPP 成员国出口机械产品高达 560 亿美元。以汽车为例，TPP 将消除成员国对美国汽车出口 70% 水平的进口关税。2014 年，美国向各 TPP 成员国出口了价值 890 亿美元的汽车产品。当前，位于密歇根州的汽车发动机制造企业面临 TPP 成员国 55% 的进口税。得益于 TPP，协定实施后这些税率将下降为零。作为 TPP 协定的一部分，美国也将与日本达成协议，消除阻碍美国制造汽车、卡车和零部件进入日本这一重要市场的非关税壁垒措施。

而对于高技术密集型的代表的信息和通信技术产品，这类产品也是美国在全球经济中占有比较优势的产品，TPP 将消除成员国对美国信息和通信技术产品高达 35% 的进口关税。2014 年，美国向 TPP 成员国出口信息和通信技术产品 360 亿美元，其中包括各种通信设备，如智能手机、路由器和电脑等。

根据要素禀赋理论的分析，美国具有比较优势的另一类产品就是农产品。由于美国具有广泛的耕地资源以及丰富熟练的劳动力（skilled labor），对于农产品这种土地和劳动力密集型的商品的生产，由于具有丰裕的要素，可以获得较低的生产成本。TPP 将消除 TPP 成员国对美国制造农产品的进口关税。而农产品问题，由于日本等农业敏感国的加入，也一直是谈判争议的一个焦点。关键减税方等将通过扩大出口惠及美国农场主和牧场主（如TPP 对美国家禽产品进口关税削减达 40%、大豆为 35%、水果为40%），其收入的增加将占到美国农场总收入的 20%。这一协议一旦实施，大多数美国农产品出口将立即获得免税待遇，超过50% 的美国农产品（以价值计）也将以免税方式进入日本市场。

　　具体而言，对于家禽类商品，2014 年尽管存在各种严重的贸易壁垒，美国农民还是向 TPP 国家出口了 27 亿美元的产品。这其中，越南对美国家禽产品征收了高达 20% 的关税，而并不会因为产品出产自不同州有不同待遇。TPP 成员国将对农产品普遍消除关税，尽管在某些国家，农产品关税的降低会触及相关利益集团，给社会经济带来不小的影响。比如，2014 年，美国牛肉在日本市场上拥有超过 16 亿美元的销售额，日本已成为美国最大的牛肉出口市场。日本目前对美国牛肉征收 38.5% 的关税，如果 TPP协议成功实施，这些关税将降低至 9%。根据跨太平洋伙伴关系协议，日本将在 15 年内对其 74% 的牛肉产品削减进口关税，其余牛肉产品的关税也会逐步降低。除了牛肉以外，日本对美国的猪肉产品也设置了较高的关税壁垒，尽管如此，2014 年美国对日本出口猪肉总额仍高达 20 亿美元，相当于美国猪肉出口总额的1/3。在 TPP 协定下，日本将用 11 年的时间逐步削减其 80% 的猪肉进口关税，之后继续大幅削减那些依然存在的关税。美国将通过 TPP 协议，降低日本对猪肉产品的所有关税，消除日本对美国猪肉征收 20% 的进口关税，这将为美国带来价值 4.35 亿美元的出口增加额。农产品中的乳制品也是备受 TPP 成员国关注的。日本对来自美国的奶酪征收 40% 的关税，TPP 协议将消除这部分关税。以加拿大为例，如果 TPP 协议生效，就意味着对北美自由贸易协定（NAFTA）进行二度谈判，因为，NAFTA 对乳制品出口没有提供任何直接的利益增长空间。2014 年，美国向 TPP 成员国出口乳制品 36 亿美元。TPP 协议生效后，美国将能向加拿大多卖出 4000 多吨黄油、14 500 吨奶酪，以及 50 000 多吨液态奶。除此之外，将有更多的乳制品出口到日本、马来西亚和越南等成员国。

对日本较为敏感的农产品，还包括葡萄酒、大豆等。目前，美国每年向日本销售 8650 万美元的葡萄酒产品。但是这些产品销售到日本后，必须面对日本葡萄酒 58% 高水平的进口关税。TPP 协定实施后将会把这些关税降至零，因此美国可以向日本出售更多的加州葡萄酒。与此同时，肯塔基州的威士忌生产企业也无须再面临高达 55% 的关税，得以更加自由地将他们盛产的波本威士忌卖给 TPP 成员国。大豆是美洲盛产的重要农产品，2014 年美国向 TPP 成员国出口了价值 2.88 亿美元的豆油产品。而日本对美国豆油征收 21% 的进口关税，TPP 实施后这一部分日本对美国大豆产品征收的关税也将被取消。

与此同时，TPP 协议还会通过解决美国农民、农场主在国外面临的一系列障碍，来帮助他们更加有利地进行竞争，确保外国法规和农产品检验检疫制度建立在科学基础之上，并消除成员国的农业出口补贴，最小化不可预测的出口禁令的风险。

5.1.2　劳动者的获益

从拥有劳动力资源的水平来看，美国劳动力背后蕴含着更多的教育和人力资本的投入，进而美国劳动者的工资回报水平远远高出其他国家。从熟练劳动力的丰裕程度来看，美国相对于亚太其他国家，是一个熟练劳动力丰裕的国家。这种丰裕的熟练劳动力在面对其他亚太发展中国家的非熟练劳动力时，难以展现生产成本方面的劳动力价格优势。那么美国又是如何保证在与 TPP 其他成员国进行高水平区域经济合作时，能够发挥本国劳动力的比较优势呢？他们通过提高整个 TPP 区域的劳工标准，巧妙地遏制了发展中国家的非熟练劳动价格优势。

　　TPP 协议包含了贸易协定前所未有的最强的劳工保护条款。TPP 协议将使美国工人第一次享受到最高的劳工标准，它要求所有成员国遵守国际劳工组织宣言中的声明的核心、强制性劳工标准——工作中的基本原则和权利。美国在 TPP 协议中成功制定的完全强制性的劳工标准包括：可以自由组建工会和进行集体谈判；禁止童工和强制劳动；最低工作条件的基本要求，如最低工资、工作时间、安全的工作环境等；反对就业歧视。这些强制性的要求将帮助美国的工人在劳动标准低价竞争的国际环境中反败为胜。

　　为了使这一贸易协定史上最高的劳工标准在 TPP 成员国中更加使人信服，美国赋予了劳工标准更广泛的社会收益，他们指出，TPP 将使得这一史无前例的完全强制性劳工标准得以在最大范围内推行，包括重新修订北美自由贸易协定，进而可以使国际劳工组织标准惠及的劳动者增加百万，与此同时，帮助美国劳动者在全球"公平"竞争中赢得胜利。

5.1.3 环境保护的收益

从哥伦布发现新大陆时起，人们便认识到美洲这块蕴藏着世界最肥沃资源的土地，尤其是美洲具有丰富的石油资源、矿产资源。但是长期以来，美国并未开发本国丰硕的资源产品，而是通过进口发展中、新兴市场国家的资源产品满足自己的需要。由于发展中、新兴市场国家往往工业化水平不高，经济发展通常以粗放型、高能耗的经济为主，因此为了向世界市场输入能源类产品付出了较高的国内环境代价。但是从工业化的进程来看，现在的发达国家也不约而同地在工业发展的过程中，经历了从第一产业向第二产业的转移，甚至是后工业化时期，从以第二产业为主，向第三产业服务业转移的阶段。鉴于服务业清洁、低能耗的特点，发达经济体的经济发展往往不以牺牲资源和环境为代价，进而在那些高环保标准的商品上具有比较优势。在这种世界范围内，发展中国家、发达国家工业化水平明显不平衡的前提下，TPP 协议提出了贸易协定历史上最为严苛的环保标准。显而易见，这一严苛的环保标准将为发展中国家低工业化水平的初级产品、工业制成品竖起一道难以逾越的屏障，同时，大大彰显了发达国家高环保标准的农业品、工业品，甚至是环保技术产品的比较优势。

TPP 协议升级了北美自由贸易协定，将环境保护放在了协议的核心地位，并采用了其他责任条款同样的争议解决模式，以使这些环保责任条款得到完全地执行。该协议要求所有成员国履行打击野生动物走私、非法伐木和非法捕鱼的承诺，禁止一些有害的渔业补贴，实施渔业可持续发展的管理实践。TPP 协议同时还要求 12 个成员国促进保护鲸鱼、海豚、鲨鱼、海龟和其他海洋物种的长效机制，以及保护和保育像犀牛、大象这样的标志性物种。除此之外，TPP 协议还要打击臭氧消耗物质的使用以及制止船舶污染海洋的行为，同时促进各方合作努力来解决能源效率问题。

5.1.4　中小企业的收益

与以往的其他贸易协定相比，TPP 首次专门用一章的内容细致阐述了如何致力于帮助中小企业从贸易中获益。小微企业是美国就业增长的主要驱动力之一，但当小型企业试图将"美国制造"的商品出口到一些重要的海外市场时经常被贸易壁垒所阻碍。统计表明，98% 的美国出口企业均是中小型企业，但是，美国中小企业中只有不到 5% 的企业能够进行出口贸易。这意味着中小企业有着可以挖掘的巨大的市场潜力。TPP 协议能够帮助美国的中小企业从全球贸易中获益，通过向处于美国之外的全球 95% 的消费者出口更多的产品来扩展他们的业务。

各种贸易壁垒的存在对中小企业的发展构成了大小不等的挑战，这些壁垒包括高税收、过多的贸易文件、可能存在的腐败、冗杂繁复的海关手续、互联网数据流动的限制、薄弱物流服务带来的高成本、小件货物的不及时交付。TPP 协定通过为货物迅速跨国界流动创建高效、透明的程序，使美国中小企业的产品可以更便宜、更容易、更快地进入国际市场。

5.1.5　电子商务、数字经济、服务贸易的收益

TPP 协议将制定先进的规则来促进网络电子商务的发展——这将是美国主导的下一个经济发展的重点区域，同时对于整个世界经济来说也是一个最好的增长机遇。该协议还包括一系列强有力的规则来确保在没有贸易壁垒和审查法律的环境下，通过最高水平的创新促进数字市场的成长。TPP 将有助于建设一个独一无二、全球化的数字市场。

TPP 协议旨在通过维护数据的国际自由传输来构建全球化的数字市场，以此确保 TPP 成员国中的个人、中小企业和家庭可以充分享受网上购物、低成本高效地沟通，以及自由访问、移动、存储数据。TPP 还禁止"强迫本地化"的行为，即某些政府要求美国企业在进入某些市场时，要求企业将自身的数据、服务器、研究设施和其他必备设施设置在海外市场的歧视性要求。TPP 协议还涉及保护数字自由化的国际标准，涵盖跨境信息的自由流动，以此确保互联网用户在服从公共利益管理的前提下，可以自由存储、访问和移动数据，例如打击垃圾邮件和网络犯罪。TPP 协议将促进美国电子商务的发展、保护美国海外市场的数字信息自由，为美国企业构建一个开放的互联网网络环境。

除此之外，TPP 协议为出口美国服务（如零售、通信、物流、娱乐、软件等）的美国企业（其中包括很多中小企业）清除了复杂的限制以及禁止进入的壁垒。这一市场准入的提升将为占美国工人总数 4/5 的服务行业提供更多新的经济机遇。TPP 协议消除了阻止美国企业提供海外服务的限制，并制定规则，以确保

美国服务供应商在 TPP 成员国的规定下不被歧视。与此同时，
TPP 协议将为美国服务提供商开放市场，无论是电子支付服务或
是工程服务，使美国公司可以从本土向海外客户提供服务，而不
需要他们把企业转至海外进行经营。

5.1.6　发展能力建设与腐败治理的收益

TPP 协议在美国自由贸易协定中首次涵盖发展主题相关的章
节，首次用独立的章节来阐述经济社会发展和能力建设，包括了
促进可持续发展和包容性经济增长、减少贫困、促进粮食安全、
打击童工和强迫劳动行为的一系列承诺。

另外，TPP 协议制定了贸易协定史上有关透明度和反腐败的
最强标准。依此标准，TPP 强调其成员国构建良好的政府治理，
例如要求他们批准或加入《联合国反腐败公约》（UNCAC），承
诺采纳或沿用定罪贿赂公职人员的法律，采取措施以减少利益冲
突，致力于贯彻执行反腐败的法律法规，让公民有机会为任何
TPP 协议框架下涉及的议题献言献策。TPP 协议还要求基于美国
的实践标准制定监管透明政策。

5.1.7　总结

据彼得森国际经济研究所估算，TPP 协议每年将为全球带来
2230 亿美元的收入，其中有 770 亿美元是美国的实际收益。由此
可见，美国是 TPP 协议最大的受益者，因此美国推进 TPP 的动力
十足。而这一收益是通过区域经济合作下的贸易促进实现的（包
括服务贸易和 FDI），据估计 TPP 每年将使美国贸易额增加 1235

亿美元。在 TPP 成员国中排在前三位的美国贸易伙伴国分别是加拿大、墨西哥和日本，97% 的美国货物出口 TPP 成员企业为中小企业，出口的农产品占 36%（主要为玉米、猪肉制品、大豆、牛肉制品和水果），工业制成品占 52%；服务出口 TPP 占美国全部服务出口的 27%（2012 年）。

　　利用国际贸易恢复经济增长和稳定就业是奥巴马政府的首要任务。具体而言，就是通过开拓市场、深化贸易和投资协议，为美国国内生产者提供更好的国际市场环境，为国内劳动者提供更多的就业机会。而在当前世界经济形势总体略显低迷的形势下，美国想要增加出口贸易，只能有效利用区域或双边的贸易协议，来尽可能降低其主要出口伙伴的贸易壁垒，进而便利贸易。这种贸易便利是从美国的经济发展需要出发的，比如信息技术产品的贸易和投资便利、服务贸易自由化等。基于这种思考，推动区域和双边经贸合作被美国放到了前所未有的高度，TPP 也因此被赋予了更高的使命，吸引了更多的关注。为了彰显其区域经贸合作的高水准，美国在推进贸易和投资协议时往往强调更高的劳工标准、环境保护标准以及知识产权保护要求，以此促进社会经济发展和持续创新。

　　但是这些要求对于发展中经济体是难于一蹴而就的，即使勉强按要求执行，也有可能和发展中经济体自身的经济水平并不吻合，可能造成负面影响。但从美国的角度来看，这样的标准有利于处在知识经济较高水平的发达经济体，进入更为广阔的发展中市场，发挥他们的巨大优势，并且保障他们的相关利益。比如，强调更高的劳工标准，可以在保证美国工人较高回报的前提下，产品价格仍然具有国际竞争力，而发展中国家产品往往是劳动密集技术较低的，劳动力成本上升后就将丧失国家劳动力丰裕带来的价格优势。

环保标准亦是如此，尽管从社会可持续的角度看，环境保护至关重要，但发达国家也难以避免在发展初期投入较高的环境要素。因此，当前发展中经济体的难题是如何平衡国际社会较高的环保要求与社会经济较快发展的需要。美国在 TPP 成员国之间大力推进多边环境协议（Multilateral Environmental Agreements，MEAs）的达成，如濒危物种国际贸易公约（Convention on International Trade in Endangered Species，CITES）。热带树种丰富的越南就是 TPP 成员国之一，随着区域一体化谈判的加深，越南等国对环境商品的要求必将提高。从经济角度看，美国在世界范围内推行较高的环保标准，有利于降低发展中国家资源环境类商品的价格优势，或者有利于制约发展中国家，从而获得较好的市场进入条件，毕竟美国的比较优势产品集中在高新技术、信息等服务领域。

在 TPP 协议谈判中，美国也主导对海洋、森林和濒危物种的保护，反对非法采伐、野生动物非法交易、渔业补贴等行为，旨在促进和激发清洁能源等技术创新。然而，在这些技术创新领域，发达国家具有人力资源、资金投入和研发能力。除此之外，TPP 更加强调服务贸易领域的开放和自由化，比如互联网领域跨境数据交换的开放，通过推行更严格的知识产品保护要求，保护美国数字化服务产品出口者的利益，与此同时严厉打击网络窃取商业机密等行为。

5.2　TPP 对美国形成的出口带动就业收益

美国 TPP 战略的根本目的就是通过重返亚太促进出口贸易，促进美国经济增长，而给美国人民带来利益的最重要衡量指标便是促进就业。因此，本节从美国与 TPP 成员的贸易为美国创造了多少就业来分析，力求反映实施 TPP 协议能给美国带来的就业收益。

5.2.1　美国各州对 TPP 出口情况

为了向美国各州展示加入 TPP 协议给它们带来的好处，美国商务部利用外贸处和美国人口普查局的数据，制成了可以量化分析的快捷工具 TradeStats Express。如图 5.1 所示，该图表明了美国各州对 TPP 其他成员出口的情况。其中颜色越深代表该州对 TPP 成员国货物出口额越大。跟 TPP 成员国贸易往来比较紧密的州主要集中在美国东北部、南部和西部。具体来看，2014 年出口额排名前十的分别是：德克萨斯州、加利福尼亚州、密歇根州、伊利诺伊州、俄亥俄州、华盛顿、纽约、印第安纳州、宾夕法尼亚州、田纳西州。以德克萨斯州为例，该州货物贸易中有 54% 出口到 TPP 国家，其中牛肉在 TPP 国家中面临的最高税率为 50%、家禽类产品最高为 40%、皮革鞋类最高为 34%、电线电缆最高为 30%、塑料制品最高为 20%、棉花最高为 10%。这些产品生产过程中使用需要的劳动力可能比其他行业更多。如果降低这些税

率，就能使更多的德克萨斯的牛肉、家禽、皮鞋、棉花等出口到
TPP 成员国，进而可以创造更多的美国就业。从美国对 TPP 的货
物出口额与美国出口总额的比重可以看出（参见图 5.2），对 TPP
地区的出口基本保持了逐年增长的态势，并且其变化方向与美国
总出口极其一致，我们认为，对 TPP 地区的出口变化，构成了美
国出口总额变化的一个重要原因。

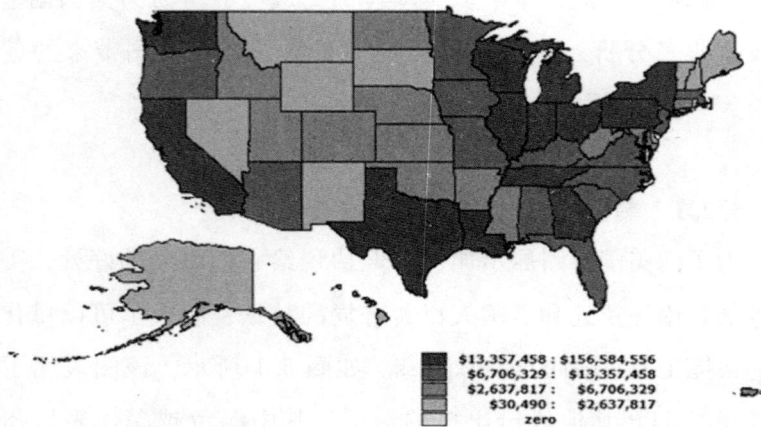

	$13,357,458 : $156,584,556
	$6,706,329 : $13,357,458
	$2,637,817 : $6,706,329
	$30,490 : $2,637,817
	zero

图 5.1　2014 年美国各州对 TPP 成员的货物出口统计

数据来源：Foreign Trade Division，U. S. Census Bureau，作者根据 US Depart-
ment of Commerce，International Trade Administration 分析工具 TradeStats Express 做
出，http：//tse. export. gov/。

美国对TPP货物出口情况（十亿美元）

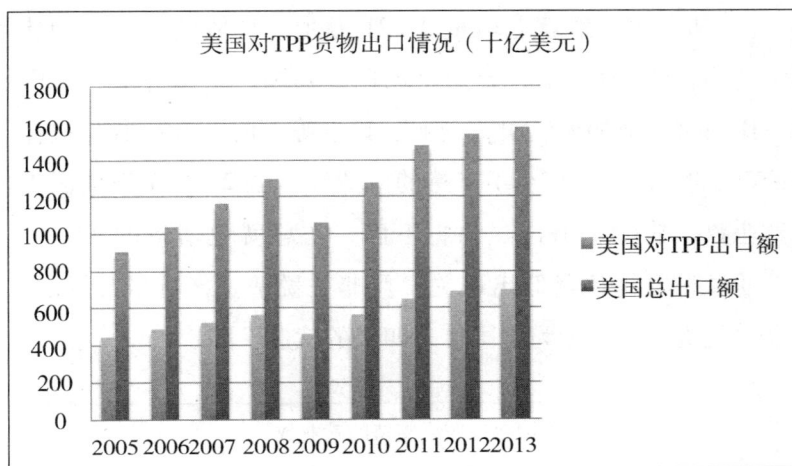

图 5.2　美国对 TPP 区域的货物出口统计

数据来源：同上。

5.2.2　美国货物出口创造的就业收益

具体来看美国出口贸易支持就业的总体情况，如图 5.3 所示，货物贸易和服务贸易相比，鉴于前者规模大大超过后者，所以相比之下货物贸易支持的就业数量更大，从 2000 年开始先下降，到 2003 年达到最低，之后快速上升，2008 年后急剧下降，从 2009 年开始较快增长，2011 年后进入缓慢增长阶段，2014 年货物出口支持了 712 万个美国就业岗位。与此同时，服务贸易受 2008 年金融危机的影响较小，基本保持了向上增长的趋势，2014 年服务出口支持就业数达 457 万个。从金融危机后美国出口贸易（货物及服务贸易）带来就业增量排名前十五位的市场来看（如图 5.4 所示），排名第一的是中国内地（创造就业增量 34.73 万个），其次才是美国在北美洲的传统贸易伙伴墨西哥（创造就业增量 29.12

万个），加拿大创造就业增量 23.21 万个，其他贸易伙伴创造就
业增量均在 12 万以下，分别是巴西、韩国、中国香港、中国台
湾、比利时、新加坡、澳大利亚、日本等。前十五位贸易伙伴支
持的就业增量，是 2014 年支持的就业数减去 2009 年该地区支持
的就业数。其中 TPP 成员占据五席，占总就业增量的 43.96%，
可见通过 TPP 协议降低出口关税及非关税壁垒，增强市场准入，
在金融危机之后至少为美国带来四成的就业保障。

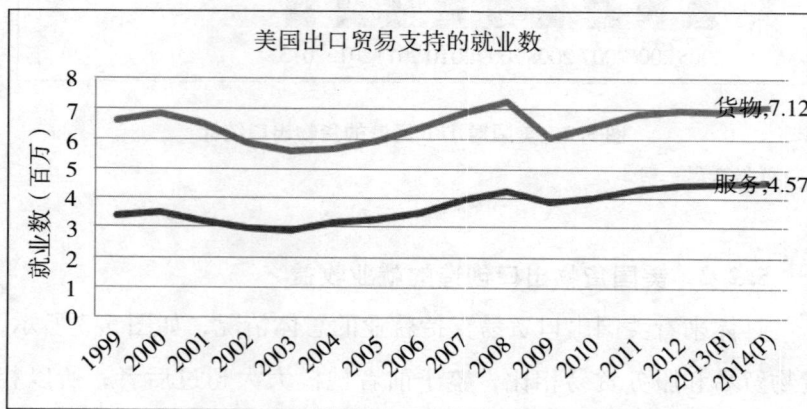

图 5.3　美国出口贸易支持的就业数量

注：2013（R）是指 2013 年数据是修正后的（revised），2014（P）是指
2014 年数据是初步的（preliminary）。

数据来源：US International Trade Administration, http://www.trade.gov/
MAS/IAN/EMPLOYMENT/。

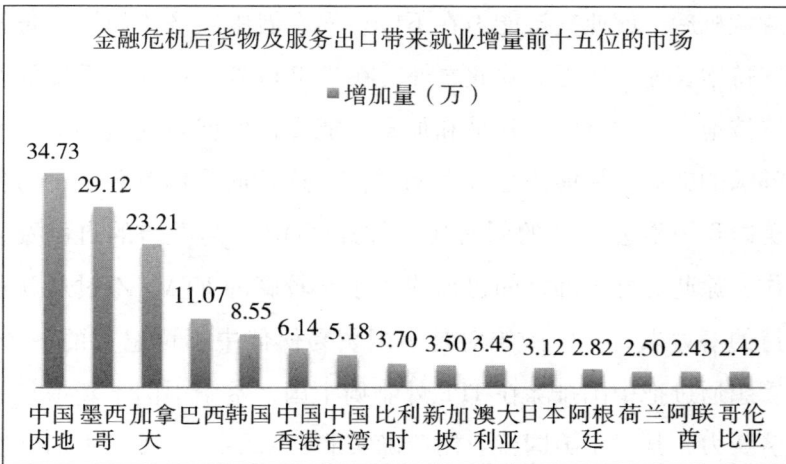

图 5.4　金融危机后美国出口贸易（货物及服务）

带来就业增量前十五位的市场

数据来源：同上。

　　单纯从货物出口来看，如表 5.1 所示，2005 年到 2014 年对 TPP 成员国货物出口支持的就业数除 2009 年突然下降外，基本保持了增长趋势，2014 年达到 307.06 万个，其中贡献最大的是加拿大（2014 年 130.56 万个），其次是墨西哥（2014 年 95.28 万个，较 2005 年大幅增长），第三是日本（2014 年 33.71 万个，比 2005 年低）。相比之下，TPP 成员以外，欧盟 28 国是最主要的出口带动就业的地区，2014 年支持就业 121.19 万个，但是和 2005 年相比稍有下降，再者就是中国内地，2014 年支持就业 67.78 万个，与 2005 年相比翻了一番。韩国 2014 年支持就业 23.52 万个，比 2005 年也有显著增长。因此，即使美国可以通过向 TPP 成员出口支持较多的美国就业，但是 TPP 成员中的传统发达伙伴国在金融危机后，就业支持能力在下降，而发展中经济体如墨西哥就业支持增长能力较强。除此之外，在 TPP 以外，也存在重要的就业支持地区，如欧盟，几乎和加拿大能支持的就业规模相近。另外韩国的就业支持能力也在不断提高，这就向我们解释了，为什么美国积极推进 TPP 的同时还要加速 TTIP 下与欧盟的自由贸易合作，除此之外美韩之间也形成了水平较高的 FTA。不过从就业支持的潜力来看，中国绝对是美国贸易伙伴中不可忽视的一个，尽管想通过把中国排除在 TPP 外制衡中国，鉴于中国不断增长的经济实力，其对于美国就业创造确实非常重要，未来即使 TPP 实施，美国也将着重考虑如何处理和中国的关系，在货物贸易诸多领域还会进一步深入开展合作。

从 2014 年货物出口支持就业前十五位的市场来看，加拿大排第一（2014 年 130.6 万个），墨西哥位列第二（2014 年 95.3 万个），中国内地排名第三（2014 年 67.8 万个），其他伙伴国或地区支持就业数均小于 35 万个，分别是日本、英国、德国、韩国、荷兰、巴西、中国香港、比利时、中国台湾、澳大利亚、法国、新加坡（如图 5.4 所示）。其中加拿大支持货物出口就业中的 18%、墨西哥 14%、中国内地 10%、日本 5%、英国 3%、德国 3%、韩国 3%，仅前 4 名加总就占就业支持的近一半，前 7 名加总占 56%（如图 5.5 所示）。显示出 TPP 成员已覆盖货物贸易支持就业数的较大比重（加拿大、墨西哥、日本总计 37%），除此之外，欧盟与中国是另外两个重要市场。但从金融危机后带来就业增量的排名来看（如图 5.6 所示），墨西哥（27.28 万个）和中国内地（20.83 万个）分别位列第一、第二，共占就业增量的

50.96%。再一次印证了发展中经济体在给美国带来就业增量方面的巨大能力，也说明了在美国区域经济合作中必须处理好与中国的关系，否则得不偿失。

表 5.1 美国货物出口支持的就业数（分国别统计，单位：万）

	2005	2006	2007	2008	2009	2010	2011	2012	2013（R）	2014（P）
TPP	288.20	298.21	302.06	308.69	255.93	271.73	290.18	301.50	297.09	307.06
澳大利亚	10.51	11.41	11.86	13.14	11.57	11.75	14.27	15.93	12.97	13.07
文莱	0.036	0.033	0.093	0.067	0.062	0.071	0.105	0.083	0.294	0.281
加拿大	134.81	137.41	140.82	140.52	115.18	120.82	125.93	129.63	128.72	130.56
智利	3.03	3.76	4.27	5.44	4.92	4.96	6.24	7.18	6.60	6.25
日本	39.92	40.68	40.23	40.36	32.24	33.68	35.40	36.10	32.96	33.71
马来西亚	8.439	9.058	8.440	8.677	8.219	7.570	6.936	7.672	6.985	7.645
墨西哥	75.86	79.02	77.94	80.32	68.01	72.65	79.27	85.65	88.76	95.28
新西兰	1.730	1.812	1.662	1.462	1.260	1.491	1.809	1.535	1.503	2.052
秘鲁	1.465	1.746	2.302	3.083	2.680	3.260	3.570	3.669	3.832	3.961
新加坡	12.95	13.85	14.45	14.62	11.67	13.41	13.68	12.79	12.35	12.42
越南	0.950	0.820	1.445	2.029	2.345	2.584	2.764	2.787	2.951	3.361
EU28	122.21	132.30	144.82	151.28	122.00	117.09	121.90	116.12	114.62	121.19
东盟	33.31	35.04	36.36	39.17	31.66	36.60	37.81	36.23	36.95	37.35
韩国	19.83	22.13	22.68	22.17	18.36	22.50	23.91	22.66	21.93	23.52
中国内地	31.00	38.40	42.86	45.80	46.95	55.58	60.07	61.84	66.46	67.78

数据来源：同上。

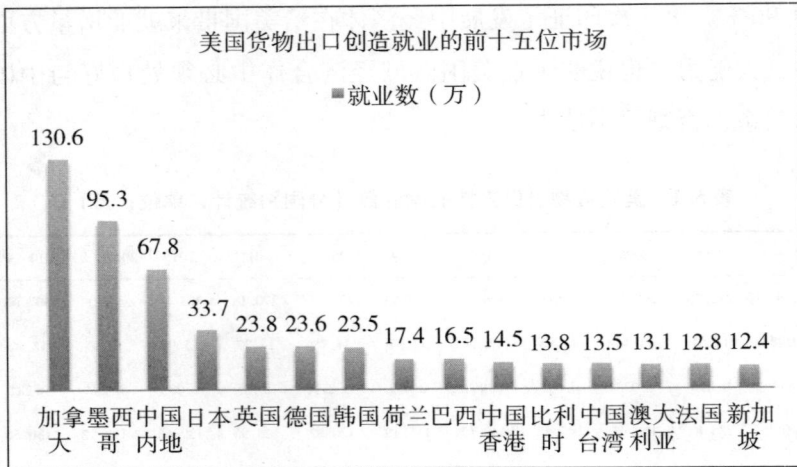

图 5.4　2014 年美国货物出口支持就业前十五位的市场

数据来源：同上。

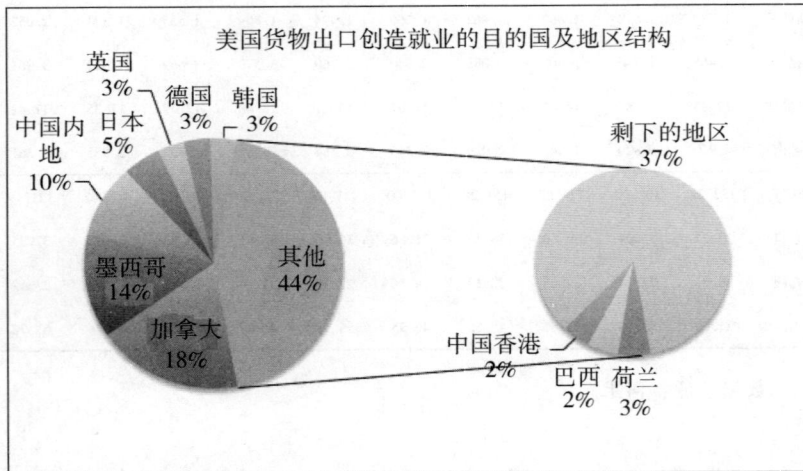

图 5.5　美国货物出口支持就业的目的国及地区结构

数据来源：同上。

158

金融危机后货物出口带来就业增量前十五位的市场

■增加量（万）

图表数据：27.28 / 20.83 / 15.38 / 5.16 / 4.01 / 3.35 / 2.66 / 2.43 / 2.42 / 2.25 / 2.07 / 1.86 / 1.60 / 1.59 / 1.51

墨西哥 / 中国内地 / 加拿大 / 韩国 / 中国香港 / 巴西 / 比利时 / 阿联酋 / 哥伦比亚 / 沙特 / 俄罗斯 / 中国台湾 / 泰国 / 荷兰 / 澳大利亚

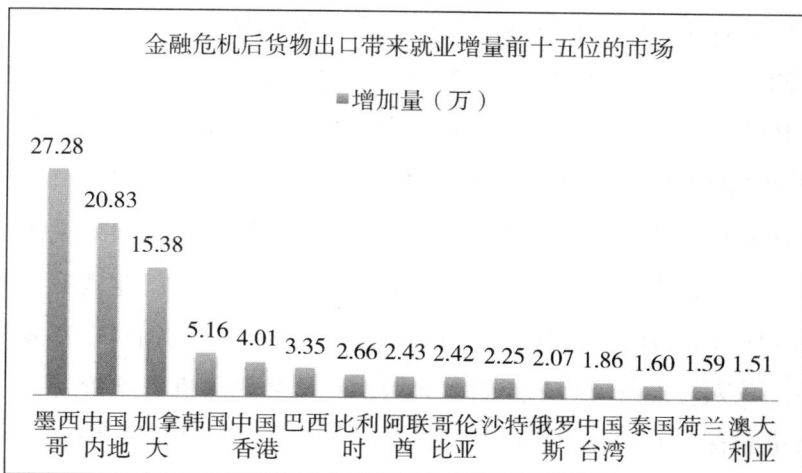

图 5.6   金融危机后美国货物出口带来就业增量前十五位的市场

数据来源：同上。

5.2.3   美国服务出口创造的就业收益

从服务出口来分析，如表 5.2 所示，鉴于服务统计的局限性和难度，没有货物贸易那样全面的分市场数据，只按可获市场进行了统计。可以看到美国总体服务出口支持就业数从 2005 年（327.46 万个）到 2014 年（456.60 万个）有显著增加。其中 2014 年贡献最大的是英国（如图 5.7 所示），2014 年 40.65 万个，较 2005 年（38.90 万个）有小幅增加；其次是加拿大，2014 年 40.52 万个，较 2005 年（28.79 万个）有大幅增长；第三是日本，2014 年 30.27 万个，比 2005 年（34.71 万个）有所减少；第四是中国内地，2014 年 26.74 万个，2011 年起超越墨西哥，比 2005 年有超大幅增长（2005 年为 7.64 万个）。除此之外，墨西哥比 2005 年小幅降低（2014 年 19.09 万个）；德国比 2005 年小幅增长

（2014 年 18.23 万个）；韩国较 2005 年大幅增长（从 2005 年的 8.22 万个上涨到 2014 年的 13.34 万个）。可见，墨西哥、日本等 TPP 成员在服务出口支持就业方面的表现并不好，美国服务出口对就业的支持，更加依赖欧盟贸易伙伴（英、德均增长），以及快速增长的韩国，还有超大幅增长的中国地区。所以如果说货物出口创造就业要依靠 TPP 合作，那么服务出口创造就业就需要加强 TTIP 的合作，与此同时，中国在服务出口和货物出口中都表现出了较大的正向增长，如图 5.9 所示，从金融危机后支持就业的增量来看，中国远远超过其他国家，达到了 13.91 万的增量，而其他国家增量均低于 8 万个，再次向美国证明了中国市场的重要性，这解释了为什么美国要积极与中国开展服务贸易和投资（BIT）等的合作。

　　从 2014 年服务出口支持就业前十五位的市场来看，如图 5.8 所示，英国支持服务出口就业中的 9%、加拿大 9%、日本 6%、中国内地 6%、墨西哥 4%、德国 4%、巴西 4%，不像货物贸易那样集中，前七名加总占 42%（如图 5.5 所示）。显示出 TPP 并不能覆盖服务贸易支持就业数的较大比重（加拿大、墨西哥、日本、澳大利亚总计 22%），除此之外，欧盟是另外一个重要的市场。因此，如果美国想通过服务出口创造更多就业，带来更多高薪岗位，那么还必须在 TTIP 或与欧盟重要服务贸易伙伴达成双边服务和投资协定。

表 5.2　美国服务出口支持的就业数（分国别统计，单位：万）

	2005	2006	2007	2008	2009	2010	2011	2012	2013	2014
世界	327.46	348.62	394.83	423.90	385.63	398.96	429.11	444.98	450.69	456.60
澳大利亚	6.84	7.60	9.06	10.40	10.42	11.11	12.67	12.74	12.55	12.37
加拿大	28.79	31.67	34.49	36.10	32.69	37.62	39.86	41.81	41.49	40.52
智利	1.11	1.20	1.43	1.59	1.54	1.74	2.24	2.45	2.37	N/A
日本	34.71	32.80	30.68	31.63	28.61	30.64	29.96	31.62	30.34	30.27
马来西亚	1.30	1.25	1.19	1.35	1.40	1.49	1.83	1.79	1.76	N/A
墨西哥	19.78	19.91	20.19	20.87	17.25	17.43	18.07	19.17	19.57	19.09
新西兰	0.88	0.86	1.19	1.28	1.17	1.23	1.45	1.40	1.38	N/A
新加坡	5.03	5.14	6.04	5.55	5.49	7.35	7.94	8.94	7.48	8.24
英国	38.90	41.57	47.85	47.72	38.06	37.94	39.18	40.21	39.51	40.65
德国	17.89	16.69	19.77	21.87	18.48	17.63	18.50	18.35	18.05	18.23
巴西	5.17	6.22	8.13	10.17	10.21	13.03	15.91	17.02	17.47	17.92
韩国	8.22	9.27	10.09	10.87	9.95	10.94	11.39	12.22	13.71	13.34
中国内地	7.64	8.85	10.62	12.61	12.83	15.93	19.44	22.48	24.76	26.74

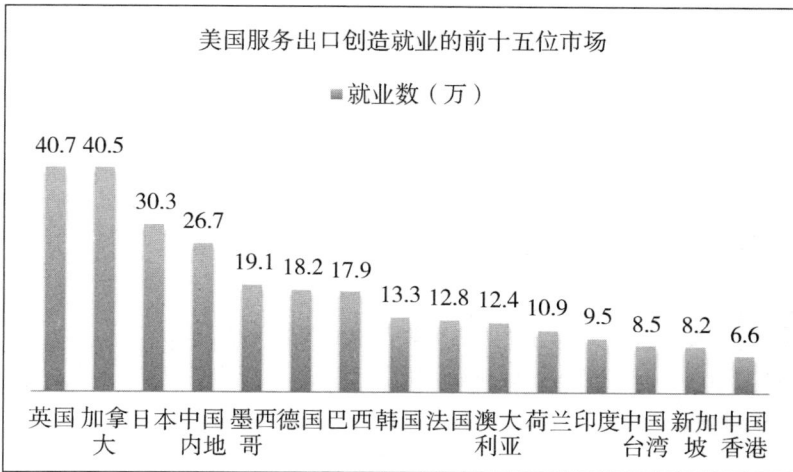

图 5.7　2014 年美国服务出口支持就业前十五位的市场

数据来源：同上。

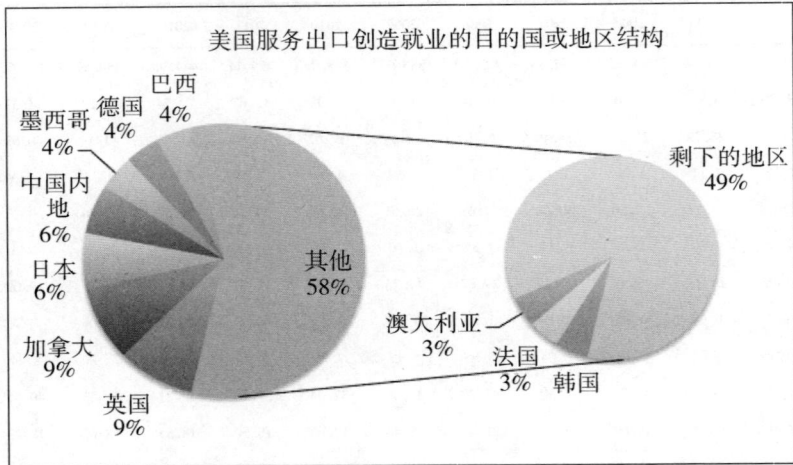

图 5.8　美国服务出口支持就业的目的国或地区结构

数据来源：同上。

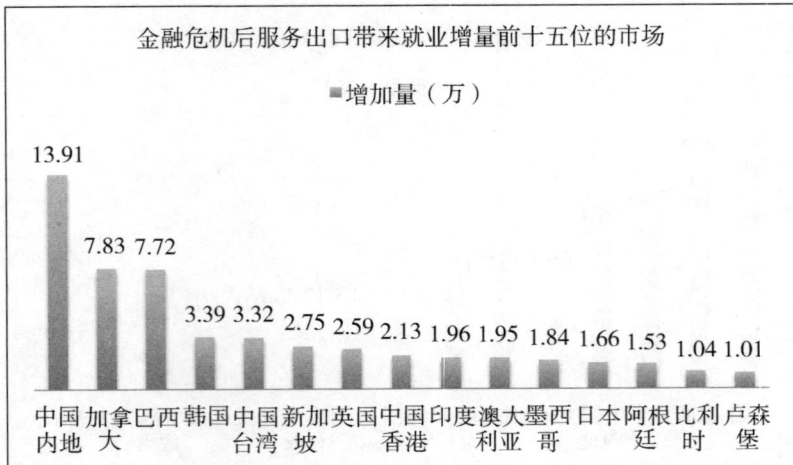

图 5.9　金融危机后美国服务出口带来就业增量前十五位的市场

数据来源：同上。

5.3　TPP 的经济效应——基于 GTAP 的模拟分析

5.3.1　GTAP 模拟的基本原理

GTAP 一般均衡模型属于多国多部门 CGE 模型，从 1992 年研发至今，其已被广泛使用于农业、贸易、能源的政策模拟中。GTAP - 8 是以 2007 年美元价值作为计算基础的，它基于一个比较静态模型，假设市场是完全竞争的，且规模报酬不变。模拟求解过程满足生产者成本最小化，消费者效用最大化，所有产品和投入要素全部出清。共有五种生产要素：土地、资本、熟练劳动力、非熟练劳动力以及自然资源；三个代表性主体：私人家庭、政府和厂商。生产函数采用 CES 函数，消费函数为 CDE 形式，劳动力在国内可以自由流动，土地在部门间不流动，根据 Armington 假说，国内生产的商品和进口商品之间不能完全替代。国家间通过商品贸易和资金流动建立联系。

5.3.2　国家及产品部门的划分与选取

GTAP - 8 模型下包括 87 个国家（或地区）和 57 个产品部门的数据，出于模拟需要，我们分别把国家和地区进行汇总。87 个地区划分为 10 组（如表 5.3 所示），其中 TPP12 个国家归为一组，欧盟 28 国归为一组，未加入 TPP 的其他东盟国家归为一组（7 国），另外根据研究需要将金砖国家、中国、韩国等单列（后

面分析情形（2）～（4）时，会将美国、日本单列出来）。57 种
产品归为 10 类（如表 5.4 所示），根据中国国家统计局的行业分
类标准将不同产业的产品归类，其中第一类为农牧渔产品，即属
第一产业下的产品（第一产业林产品除外），而加工食品、纺织
品、交通运输等由于研究需要从工业产品中单独列出。

表 5.3　GTAP 模拟中地区总类别划分

地区总类别划分	GTAP 数据库 87 个地区
欧盟（28 国）	奥地利、比利时、丹麦、芬兰、法国、德国、英国、希腊、爱尔兰、意大利、卢森堡、荷兰、葡萄牙、西班牙、瑞典、保加利亚、塞浦路斯、捷克、匈牙利、马耳他、波兰、罗马尼亚、斯洛伐克、斯洛文尼亚、爱沙尼亚、拉脱维亚、立陶宛、克罗地亚
TPP（12 国）	澳大利亚、新西兰、马来西亚、新加坡、越南、秘鲁、智利、美国、日本、加拿大、墨西哥
东盟（7 国）①	除加入 TPP 外的其他东盟国家印尼、菲律宾、泰国、老挝、柬埔寨、缅甸
中国	中国内地
俄罗斯	俄罗斯
巴西	巴西
韩国	韩国
印度	印度
港台②	香港、台湾
世界其他国家	大洋洲其他国家、东亚其他国家、孟加拉国、斯里兰卡、南亚其他国家、北美其他国家、哥伦比亚、委内瑞拉、安第斯条约其他国家、阿根廷、巴西、乌拉圭、南美其他国家、中美洲、FTAA 其他国家、加勒比海其他国家、瑞士

资料来源：根据 GTAP 数据库汇总。

---

① 由于 GTAP 数据库未将文莱单独列出，所以只选择 TPP 中 7 国作为研究对象。
② 由于 GTAP 数据库未将澳门单独列出，所以没有将港澳台归为一组。

表 5.4 GTAP 模拟中产品部门划分

产品类别划分	GTAP 数据库 57 个部门
农业	水稻、小麦、谷物及相关其他产品、蔬菜水果坚果、油料作物、糖料作物、谷物及其他相关、牛羊马牲畜、奶、水产品、牛羊马肉
矿产资源	煤、石油、天然气、矿产及相关、黑色（铁类）金属、有色金属及其相关
加工食品	糖、食物制品及相关其他产品、饮料及烟草制品、动物制品及相关其他产品、肉制品及相关其他产品、动植物油脂、奶制品、加工大米
纺织品	植物纤维、毛及丝制品、纺织品、服装、皮革制品
交通运输	机动车及零配件、交通运输设备及相关其他产品
机电产品	电子设备、机械设备及相关其他产品
森林采伐	森林采伐
木材加工及纸制品	木制品、纸制品及出版
化工制品及其他工业产品	化学橡胶品、塑料、水、电力、天然气制造（及输送）、石化及煤制品、有色金属制造产品、矿产制品及相关其他产品、制造业其他产品
服务	贸易、交通及相关其他产品、海运、空运、通信、金融及相关其他服务、保险、商务服务及相关其他服务、娱乐及相关、政府/法院/医疗/教育、民居、建筑

资料来源：根据 GTAP 数据库汇总。

5.3.3 实施 TPP 协议的分情形模拟及结果分析

在模拟美国加入 TPP 的经济效应时我们需要做出以下假设：
（1）选择关税作为冲击变量，不考虑技术壁垒和其他非关税壁垒，如果 TPP 实施，假设所有可贸易商品的关税降为零。（2）加入 TPP 的成员国对其他非成员的关税壁垒保持不变，世界其他国家或地区的关税壁垒保持不变。（3）保持前述 GTAP 模型的基本经济学假定，并假设人口增长保持不变。

为了更合理地反映美国实施 TPP 协议的战略思考，我们分四种基本情形进行模拟。在这些模拟过程中，关税作为政策冲击变量，对整体经济产生影响。这四种基本情形是：（1）TPP 协议正式实施，从而 TPP 成员国之间的关税壁垒取消，TPP12 国商品关税降为 0，对其他国家保持不变；（2）将美、日单独拿出来研究，TPP10 商品关税降为 0，美、日、TPP10 间双向关税降为零，重点研究对日本、美国的有益影响（3）在情形（2）基础上，考虑韩、美 FTA 实现商品关税降为 0，韩国不利影响如何，中国影响如何；（4）在情形（3）基础上，考虑韩、中 FTA 实现商品关税降为 0，中国影响如何，美、日影响如何。

1. TPP12 国贸易自由化带来的宏观经济效应

表 5.5～5.8 分别列出了四种情形下，TPP 区域贸易自由化对不同地区的宏观经济变量产生的影响。宏观经济影响包括 GDP、出口、进口、贸易条件、贸易平衡以及福利等 6 个方面。其中 GTAP 将 r 国的贸易条件定义为 tot（r）= psw（r）- pdw（r），psw（r）是 r 国产品的出口价格指数，pdw（r）是 r 国对外国产品的进口价格指数；贸易平衡项定义为一国出口与进口之差，亦即一国净出口；衡量福利变化时采用 EV（等值变化）方法，即 EV（p^0, p^1, w）= e（p^0, u^1）- e（p^0, u^0）= e（p^0, u^1）- w。

在情形（1）的模拟结果（表 5.5）中，我们可以看出 TPP12 国组成 FTA，则区内成员受益，区外国家利益受损。TPP12 国作为整体主要宏观经济指标增加，并且在 GDP、进出口、贸易条件、福利变化等方面都增长，TPP 区域福利增加额最高（77.00亿美元）。需要注意的是，贸易自由化使得该区域的进出口都大幅增加，但对进口的刺激高于出口，因而呈现贸易逆差。在情形（2）的模拟结果（表5.6）中，我们把美国、日本、中国、韩国等单独列出，可以看出 TPP10 国与美国组成 FTA，从福利变化来看，区内成员均受益，但是日本受益（68.67 亿美元）高于TPP10 国（24.87 亿美元），并且高于美国（4.73 亿美元），区外国家福利均受损。但是从其他宏观经济指标的增加来看，TPP 成员国之间实行零关税，对 TPP10 国和日本在 GDP、进出口、贸易条件（除贸易平衡外）等方面都是正向影响，并且这些方面日本增长的比率都高于 TPP 其他 10 国，而 TPP 其他 10 国又高于美国，特别是在 GDP 增长方面，美国的 GDP 变化竟然是负值（-0.01%），尽管存在贸易条件和福利结果的小幅向上，但是对GDP 的负效果，这应该不是美国期望通过 TPP 协议达到的效果。进一步地考虑情形（3）中，美国与韩国也实施零关税的 FTA，彼此间取消关税壁垒，但是对其他国家保持税率不变，其模拟结果如表5.7 所示。我们可以清晰地看到，在这种情况下美国宏观经济指标（GDP、进出口、贸易条件、福利）均正向变化，并且其增长幅度大于 TPP 其他 10 国，此时美国 GDP 增长由负转为正（0.10%），福利增长大幅提高（30.45 亿美元）。但是此时受益最大的仍然是日本，福利增长最高（65.06 亿美元），其次是美国，最后为 TPP 其他 10 国（19.43 亿美元）。进而我们发现，单纯参与目前 12 国的亚太伙伴合作，对于美国来说积极作用十分有限，甚至由于放开某些市场，使得 GDP 的影响效果为负，但是如果美国同时跟重要的贸易伙伴韩国也达成 FTA，尽管还未加入 TPP 协议，也大大扩大了美国的正向效果，但是其进出口的正向效果仍然是小于 TPP10 国，也小于日本的，这时候受益最大的是日本。这时候中国受到了什么样的影响呢，此时，如果美韩 FTA 完全实施，中国的负面影响要比情形（2）中 TPP12 国形成 FTA 的情况还要差，所有宏观经济指标都为负，并且负向幅度大于情形（2）。对于韩国又是什么情况呢，如果不加入 TPP 仅和美国形成 FTA，那么韩国的 GDP、福利、贸易条件、贸易平衡和福利均负向变化。因此，我们认为，韩国有极大动力与中国全面实行 FTA。那么中韩之间形成 FTA 全面取消关税，就有了情形（4）中的模拟结果（如表 5.8 所示），该情形下，TPP12 国 FTA 实行，同时韩—美 FTA、中—韩 FTA 实施，在这些 FTA 内部全面取消关税壁垒。从结果来看，虽然美国出口、进口、贸易条件的变化均低于情形（3），但是由于贸易逆差比之前缩小了，对 GDP 的增长效果增加（0.02%），而此时中国（GDP 变化 -0.21%）和韩国宏观经济的损失都得以降低，甚至韩国主要经济指标的变化均为正（除贸易平衡外），福利增加 55.02 亿美元，GDP 正向变化最大 1.18%，进而限制了日本正向效果，除韩国福利增加低于日本外，各指标的正向效果都大于日本（贸易平衡除外），成为这场贸易自由化革命的最大赢家。

表 5.5　情形（1）贸易自由化对各地区宏观经济的影响

	GDP 变化%	出口 变化%	进口 变化%	贸易条件 变化%	贸易平衡 变化（百 万美元）	福利（EV） 变化（百 万美元）
欧盟（28 国）	−0.14	−0.08	−0.18	−0.03	6049.09	−654.18
TPP（12 国）	0.13	1.48	1.49	0.16	−9307.54	7700.32
东盟（7 国）①	−0.31	−0.21	−0.28	−0.16	83.90	−654.18
中国	−0.21	−0.22	−0.26	−0.12	−105.12	−1688.49
俄罗斯	−0.12	−0.09	−0.14	0.0004	40.68	−29.74
巴西	−0.27	−0.07	−0.50	−0.17	652.11	−368.38
印度	−0.19	−0.16	−0.23	−0.09	311.68	−358.22
韩国	−0.15	−0.12	−0.21	−0.07	335.04	−446.29
港台②	−0.12	−0.12	−0.16	−0.05	71.70	−259.37
世界其他国家	−0.17	−0.13	−0.22	−0.05	1868.48	−1379.33

数据来源：GTAP 模拟结果。

表 5.6　情形（2）贸易自由化对各地区宏观经济的影响

	GDP 变化%	出口 变化%	进口 变化%	贸易条件 变化%	贸易平衡 变化（百万 美元）	福利（EV） 变化（百 万美元）
欧盟 28 国	−0.14	−0.07	−0.18	−0.03	6454.96	−2389.30
TPP10 国	0.07	1.38	1.90	0.07	−4758.41	2486.93
东盟 7 国	−0.34	−0.23	−0.31	−0.21	134.51	−889.13

———————————

①　由于 GTAP 数据库未将文莱单独列出，所以只选择 TPP 中 11 国作为研究对象。

②　由于 GTAP 数据库未将澳门单独列出，所以没有将港澳台归为一组。

续表

	GDP 变化%	出口 变化%	进口 变化%	贸易条件 变化%	贸易平衡 变化（百万 美元）	福利（EV） 变化（百 万美元）
中国	−0.24	−0.28	−0.32	−0.17	−328.73	−2225.59
美国	−0.01	0.58	0.38	0.05	−243.27	472.79
日本	0.62	2.48	3.44	0.68	−4805.78	6866.72
俄罗斯	−0.14	−0.12	−0.17	−0.03	22.93	−123.44
韩国	−0.18	−0.14	−0.25	−0.11	403.27	−651.47
港台	−0.14	−0.12	−0.18	−0.10	106.49	−453.23
世界其他	−0.17	−0.13	−0.25	−0.06	3014.03	−2247.76

数据来源：GTAP 模拟结果。

表 5.7　情形（3）贸易自由化对各地区宏观经济的影响

	GDP 变化%	出口 变化%	进口 变化%	贸易条件 变化%	贸易平衡 变化（百万 美元）	福利（EV） 变化（百 万美元）
欧盟 28 国	−0.18	−0.09	−0.23	−0.03	8148.61	−3056.42
TPP10 国	0.03	1.34	1.82	0.04	−4317.30	1943.23
东盟 7 国	−0.40	−0.27	−0.37	−0.23	177.26	−971.89
中国	−0.30	−0.34	−0.40	−0.20	−336.19	−2607.94
美国	0.10	0.96	0.70	0.17	−2198.03	3045.06
日本	0.55	2.46	3.33	0.64	−4143.63	6505.55
俄罗斯	−0.17	−0.15	−0.21	−0.03	35.12	−159.43
韩国	−0.25	0.86	1.25	−0.08	−1299.01	−439.50
港台	−0.19	−0.18	−0.25	−0.11	117.75	−525.98
世界其他	−0.21	−0.15	−0.31	−0.07	3815.43	−2821.94

数据来源：GTAP 模拟结果。

表 5.8　情形（4）贸易自由化对各地区宏观经济的影响

	GDP 变化%	出口 变化%	进口 变化%	贸易条件 变化%	贸易平衡 变化（百万 美元）	福利（EV） 变化（百 万美元）
欧盟 28 国	-0.22	-0.12	-0.27	-0.05	9323.83	-3897.64
TPP10 国	-0.05	1.28	1.73	0.001	-4054.18	1301.96
东盟 7 国	-0.52	-0.43	-0.59	-0.30	250.73	-1273.64
中国	-0.21	0.79	1.14	-0.19	-1322.13	-2564.90
美国	0.02	0.87	0.56	0.12	-400.93	1882.27
日本	0.44	2.35	3.09	0.54	-3324.94	5725.87
俄罗斯	-0.21	-0.20	-0.28	-0.08	6.61	-322.11
韩国	1.18	3.94	5.51	0.90	-4979.08	5501.66
港台	-0.40	-0.49	-0.63	-0.26	87.02	-1111.93
世界其他	-0.26	-0.19	-0.37	-0.10	4413.07	-3799.78

数据来源：GTAP 模拟结果。

2. 美国偏好的亚太 FTA 合作对各经济体分部门的贸易、产出影响

从前面的分析可以得出，情形（3）即美国实施 TPP 贸易自由化的基础上，再与韩国形成 FTA，宏观经济改善好于情形（2）、（4），因此我们选定情形（3）作为美国更倾向的亚太贸易自由化模式，进一步讨论各地区分部门的贸易和产出变化。

尽管韩—美 FTA2012 年就开始生效，但是由于美国在汽车产业和大米等农产品问题的让步，目前尚未实现全面商品 FTA。我们假设在情形（3）下，TPP 协议全面生效，与此同时韩—美

FTA 也全面生效，即 TPP 成员间相互取消关税壁垒，美国和韩国之前取消所有关税壁垒，这自然会对区内外国家不同部门的贸易平衡产生不同影响，模拟结果如表 5.9 所示。美国贸易顺差方面受益最大的两个部门分别是农产品和加工食品生产部门，顺差分别为 27.18 亿美元和 143.63 亿美元，这与日本、韩国等对本国农业及农产品的高度保护有关。进而在 TPP 的全面实施中农产品问题必将成为最敏感的领域，TPP 成员的相互妥协可能会使得农产品关税的全面降低存在一个过渡期。但是美国其他部门均呈现贸易逆差，尤其是交通运输方面逆差达到 90.22 亿美元，而日本在该部门的顺差为 131.50 亿美元，显示了日本汽车制造及配件生产行业较强的竞争优势。我们可以这样分析：为了弥补在美日汽车贸易中的比较劣势，美国未来的 FTA 策略中会积极发挥与亚太其他国家汽车贸易中的比较优势，比如在中—美 BIT 中积极推动汽车行业的外资进入。从中国（内地）的角度来看，在情形（3）中，GDP 变化为 - 0.30%，福利变化为 - 26.08 亿美元，贸易条件变化 - 0.2%，总体来看，中国将受到负面冲击。具体到产品部门，我国机电产品、木材加工、森林采伐、化工制品、矿产资源以及其他工业产品的净出口均为正，且机电产品顺差最大达到 26.09 亿美元；而农业部门、加工食品、纺织品、交通运输产品都会形成贸易逆差，纺织品逆差最大，为 28.93 亿美元。因此，如果按照美国偏好的模式进行亚太 FTA 合作，中国应重点关注对中国农副产品、加工食品、纺织品和交通运输产品的负面影响，提升这些产品的出口竞争优势，另一方面可以积极拓展与亚太国家的双边和多边合作，从而避免贸易转移带来的损失。

172

    各经济体分部门的产出变化如表5.10所示，美国在除农产品、加工食品以外的工业部门中产出变化均为负，但是这些负向变化的百分比多数都在0.5%以下（除纺织品-1.34%、交通运输-1.28%），而农产品和加工食品产出增加分别为1.74%和2.38%；日本工业部门产出除加工食品、机电产品、木材加工外均正向增长，且纺织品、交通运输增长比例较大，分别为7.04%、4.31%，而产品和加工食品分别为-6.15%和-1.61%。仔细对比美、日产出变化的两列，我们会发现在美国呈正（负）向变化的恰是日本负（正）向变化的产业部门（森林采伐、木材加工、机电产品除外），这显示出美国产业与日本相关产业较强的竞争性关系。在二者的合作当中，日本农业处于竞争力较弱的地位，而美国的较多工业部门处于相对劣势。因此出于保证本国国内就业的考虑，美日双方会注意对这些部门的保护，例如采取手段多样非关税壁垒等措施（包括TPP协议中的特殊保障措施）。特别的，在机电产品方面，美、日产出都受到负向影响（-0.20%和-1.24%），而中国内地及港台都呈现正变化（0.44%和0.25%）。此外，中国内地在除加工食品、纺织品、交通运输外的工业部门中均获得正向产出变化，结合前面情形（3）时我国贸易条件变化-0.2%的结果可知，虽然我国在这些部门产出增加，但是贸易条件却面临恶化。因此，我国应特别重视在对外出口中贸易条件的改善。

表 5.9　情形（3）各经济体分产品部门的贸易平衡变化（单位：百万美元）

	欧盟28国	TPP10国	东盟7国	中国	美国	日本	俄罗斯	韩国	港台	世界其他
农业	306.67	1462.67	51.10	-380.34	2717.83	-4028.07	-30.68	-817.40	-6.20	27.85
森林采伐	8.99	-24.59	3.56	10.39	-4.90	-6.54	-0.92	2.20	0.17	12.63
矿产资源	960.40	-3083.90	134.58	315.79	-841.46	2141.25	-132.71	-314.69	30.65	413.74
加工食品	-2890.75	802.26	-1114.27	-2123.68	14363.28	-6636.66	-226.80	-1023.61	-200.49	-2077.79
纺织品	-1009.18	6028.94	-509.59	-2892.85	-3190.40	1831.99	34.94	1324.72	-464.40	-1632.10
木材加工及纸制品	226.32	-167.03	116.28	362.83	-554.21	-338.43	7.38	-37.10	19.06	257.04
交通运输	-427.40	-3258.33	-248.15	-12.35	-9022.49	13150.43	64.43	-373.84	-57.39	211.82
机电产品	4558.10	-1774.75	763.33	2608.68	-1469.20	-7573.25	168.69	163.63	306.11	2200.08
化工制品及其他工业产品	1432.57	-2030.05	489.59	833.64	-1859.81	-355.40	-5.66	-361.66	-7.24	1535.57
服务	4982.95	-2253.03	490.84	941.70	-2336.65	-2328.48	156.45	138.74	497.48	2866.58

数据来源：GTAP 模拟结果。

表 5.10 情形（3）各地区分部门产出变化（单位:%）

	欧盟28国	TPP10国	东盟7国	中国	美国	日本	俄罗斯	韩国	港台	世界其他
农业	-0.05	1.05	-0.23	-0.36	1.74	-6.15	-0.09	-1.92	-0.28	-0.05
森林采伐	0.01	-0.11	0.23	0.19	-0.05	-0.55	0.04	-0.33	-0.01	0.02
矿产资源	0.04	-0.64	0.29	0.25	-0.47	1.87	0.04	-0.48	-0.02	0.08
加工食品	-0.25	0.53	-0.78	-0.49	2.38	-1.61	-0.33	-0.73	-0.95	-0.27
纺织品	-0.31	10.12	-0.95	-0.56	-1.34	7.04	-0.13	4.87	-1.34	-0.55
木材加工及纸制品	0.01	-0.09	0.46	0.24	-0.004	-0.45	0.002	-0.14	0.06	0.07
交通运输	-0.07	-1.02	-0.49	0.03	-1.28	4.31	0.25	-0.26	-0.39	-0.05
机电产品	0.20	-0.30	0.84	0.44	-0.20	-1.24	0.07	0.32	0.25	0.23

续表

	欧盟28国	TPP10国	东盟7国	中国	美国	日本	俄罗斯	韩国	港台	世界其他
化工制品及其他工业产品	-0.06	0.11	0.06	0.07	-0.03	0.20	-0.02	0.14	-0.11	-0.04
服务	0.02	-0.12	0.04	0.05	-0.01	0.01	0.01	-0.04	0.05	0.03

数据来源：GTAP 模拟结果。

3. 中国偏好的亚太 FTA 合作对各经济体分部门的贸易、产出影响

从前面的分析可以得出，情形（4）即在 TPP 实行、美—韩自由贸易生效的同时，中—韩 FTA 全面实施，那么对于中国和韩国的情况要好于情形（2）、（3），所以我们选定情形（4）作为中国偏好的亚太贸易自由化形式，进一步讨论各地区分部门的贸易和产出变化。

在中国偏好的情形（4）中，亚太地区既有 TPP、韩—美 FTA 的全面实施，也有中—韩 FTA 的全面实行，在 FTA 成员国内部取消关税壁垒，这自然会对区内外国家不同部门的贸易平衡产生与前文不同的影响，模拟结果如表 5.11 所示。尽管美国贸易顺差方面受益最大的两个部门仍然是农产品和加工食品部门，但是顺差规模已经比情形（3）明显缩小，分别为 21.18 亿美元和 135.48 亿美元［情形（3）为 27.18 亿美元和 143.63 亿美元］，这表明中国进入与韩国农产品零关税的情形，会挤占美国农产品在韩国的出口优势。进而在亚太各个 FTA 协定中，谁能争取到在农产品方面的最低门槛，成为获取韩国和日本农产品更多出口市场的关键。尽管美国其他部门均呈现贸易逆差，但是由于中国相关产品部门关税的放开，使得美国的贸易逆差和情形（3）相比，都略微下降，因为从前文结构来看此时中国成为亚太地区贸易逆差较大的国家［和情形（3）相比逆差增大］。进而美国在交通运输方面逆差变为 84.34 亿美元［比情形（3）的 90.22 亿美元少］，而日本在该部门的顺差变为 137.34 亿美元［比情形（3）的 131.50 亿美元大］，显示了日本和韩国在汽车制造及配件生产方面的较强关联性，即使中韩之间放开市场，也会通过韩国的上下游产业链需求的增加，进而扩大日本交通运输产品的出口。这就提示中国在进行亚太 FTA 合作中，应注意产业链间的联动性，注重国内交通运输等亚太国家具有明显优势产业的保护和监测。从中国（内地）的角度来看，在情形（4）中，GDP 变化为 - 0.21%［情形（3）为 - 0.30%］，福利变化为 - 25.65 亿美元［情形（3）为 - 26.08 亿美元］，贸易条件变化 - 0.19%［情形（3）为 - 0.2%］，总体来看，虽然中国仍受到负面冲击，但是由于中国主动推动中韩 FTA，冲击幅度均比情形（3）要小。具体到产品部门，我国农产品、加工食品、机电产品、木材加工的净出口均为正，机电产品顺差仍最大，为 20.92 亿美元，但是这时农产品、加工食品部门利用韩国开放市场，使贸易差额由负转为正，顺差分别 9.47 亿美元和 6.55 亿美元；而纺织品、交通运输产品、化工制品及其他工业产品（由顺差变为逆差）的逆差都加大，其中纺织品逆差最大，为 29.94 亿美元，高于情形（3）（28.93 亿美元）。因此，如果按照中国偏好的模式进行亚太 FTA 合作，会对中国农产品和加工食品产生新的正面影响，但是我们需要重点关注对中国纺织品、交通运输产品和其他化工产品的负面影响，从而控制对中国带来的负面冲击。

表 5.11　情形（4）各经济体分产品部门的贸易平衡变化（单位：百万美元）

	欧盟28 国	TPP10 国	东盟7 国	中国	美国	日本	俄罗斯	韩国	港台	世界其他
农业	279. 52	1276. 06	57. 94	974. 20	2118. 21	−4036. 07	−37. 47	−1486. 06	6. 43	−47. 97
森林采伐	9. 56	−25. 18	5. 06	−2. 27	−4. 28	−4. 89	0. 69	3. 85	0. 37	15. 69
矿产资源	1205. 67	−2917. 04	306. 88	−149. 06	−515. 15	2601. 53	−143. 16	−1851. 32	376. 62	513. 29
加工食品	−3230. 19	551. 13	−1149. 90	655. 38	13547. 76	−6625. 01	−271. 65	−2260. 91	−175. 17	−2351. 47
纺织品	−1115. 51	5957. 66	−523. 95	−2993. 65	−3185. 91	1683. 03	40. 54	1928. 67	−742. 42	−1725. 35
木材加工及纸制品	304. 40	−82. 65	157. 90	102. 55	−379. 37	−278. 51	5. 47	−329. 28	61. 36	307. 38
交通运输	103. 18	−3071. 70	−165. 83	−967. 97	−8433. 59	13734. 02	88. 52	−1748. 07	−3. 56	435. 25
机电产品	4308. 15	−2076. 96	385. 56	2091. 81	−741. 84	−7973. 10	214. 20	1585. 58	−397. 53	2391. 75
化工制品及其他工业产品	1353. 01	−2016. 45	476. 00	−1639. 28	−1504. 63	−738. 45	−111. 30	2198. 82	−366. 60	1364. 71
服务	6104. 86	−1630. 83	701. 08	606. 15	−1302. 12	−1687. 05	220. 78	−3020. 36	1327. 53	3509. 79

数据来源：GTAP 模拟结果。

表 5.12　情形（4）各地区分部门产出变化（单位:%）

	欧盟28 国	TPP10 国	东盟7 国	中国	美国	日本	俄罗斯	韩国	港台	世界其他
农业	−0. 08	0. 93	−0. 23	0. 20	1. 50	−6. 19	−0. 11	−4. 41	−0. 26	−0. 07
森林采伐	0. 02	−0. 07	0. 32	−0. 02	−0. 03	−0. 50	0. 06	−1. 38	0. 07	0. 02
矿产资源	0. 06	−0. 59	0. 43	0. 02	−0. 41	2. 14	0. 05	−1. 74	0. 31	0. 10
加工食品	−0. 28	0. 45	−0. 81	0. 01	2. 25	−1. 63	−0. 40	−1. 86	−0. 94	−0. 31
纺织品	−0. 33	10. 02	−0. 94	−0. 69	−1. 36	6. 54	−0. 005	8. 76	−2. 12	−0. 56

续表

	欧盟 28 国	TPP 10 国	东盟 7 国	中国	美国	日本	俄罗斯	韩国	港台	世界 其他
木材加工 及纸制品	0.02	- 0.03	0.61	0.04	0.01	- 0.41	0.002	- 1.12	0.26	0.09
交通运输	- 0.01	- 0.92	- 0.35	- 0.37	- 1.22	4.55	0.45	- 1.88	- 0.09	0.08
机电产品	0.18	- 0.37	0.51	0.37	- 0.15	- 1.30	0.13	0.80	- 0.18	0.24
化工制品及 其他工业产品	- 0.07	0.09	0.02	- 0.04	- 0.04	0.15	- 0.04	1.31	- 0.42	- 0.06
服务	0.02	- 0.11	0.05	- 0.04	- 0.01	0.02	0.02	- 0.20	0.17	0.03

数据来源：GTAP 模拟结果。

第 6 章

TPP 协议生效的重要促进因素——TPA

6.1　贸易促进授权对 TPP 的重要性

国际谈判本来就很复杂，它包括两级谈判：国际和国内。就像日本和美国之间的谈判一样，因为谈判者无法保证国内立法机构将认可他们在谈判中作出的妥协。克服这个障碍是惠及谈判中各个国家的关键。而 TPA 则是克服这个障碍的关键。如果 TPA 被否决，美国将会在经济快速增长的国家地区丧失谈判的可信度。

比如，加拿大降低乳制品的进口关税，这样可以让智利和新西兰的乳制品出口商受益。相对应的，智利可能会愿意提高知识产权标准来惠及加拿大和美国的音乐家、艺术家和制药公司。是国际贸易谈判使得这些互利互惠成为可能。这种属于"一级"国际谈判，它要求国家牺牲一部分团体的利益来获得更大的整体上的利益。然而，民主国家的谈判者不能够完全履行诺言。国内立法机构必须认可在"一级"谈判中达成的协议。这个问题在美国

尤为尖锐，因为在美国执法和立法是分立的。因此，国内的政治
较量便成了"二级"谈判，它和"一级"谈判完全不一样。这个
困境正是"快速通道"授权逻辑的核心，包含于 TPA 中。

TPA 要求国会对总统递交的任何贸易提案必须作出直接立刻
的表决，同意或者不同意。也就是说一旦议案被提交，国会成员
就不能像对待大多数立法一样去进行改进，只能通过或否决。这
个附加的限制使美国谈判代表可以向缔约方保证国会不太可能去
改变一个在国际谈判中达成的协定。TPA 关键在于促使美国国会
积极参与并执行相关的贸易政策。简单地说，即在贸易谈判之
前，TPA 要求其通知并咨询国会，并在国际贸易谈判中设置谈判
目标，恢复"快速通道"以便迅速批准谈判后达成一致的贸易协
定。现在跨太平洋伙伴关系协定与跨大西洋贸易与投资伙伴协议
（Transatlantic Trade and Investment Partnership，TTIP）呼之欲出，
TPA 的存在将进一步推动上述协议达成共识。未来 TPA 法案将不
断更新，并指导美国的贸易政策。美国国会和贸易代表办公室之
间需要实现更广泛的信息共享，以解决如数字贸易、金融服务监
管、国有企业条款等问题。

自 1974 年《美国国际贸易法》颁布至今，"快速通道"一直
存在于美国的贸易政策中，且其并没有引起特别的争议。然而，
随着时间的推移，TPA 已成为一场艰难的政治推销。表 6.1 列出
了自 1974 年以来主要国会议员对"快速通道"的表决结果。自
20 世纪 90 年代初，"快速通道"变得难以实施，主要由于备受争
论的北美自由贸易协定（NAFTA）所致。1994 年"快速通道"
到期，在 1997—1998 年人们试图恢复但未得到众议院批准。随着

TPA 的诞生，"快速通道"终于在 2002 年恢复。国会主要负责制定与实施贸易政策，而执行部门主要负责贸易的谈判和实施相关贸易的法律法规。战后，上述机构的作用并没有太大的差异，当时贸易政策主要是涉及如关税和配额等边境措施。但是现在已经不像过去那样了，由于贸易对美国经济愈发重要，贸易谈判急剧增长，主要涉及如非关税贸易壁垒和监管等问题。

表 6.1　国会就"快速通道"谈判投票表决结果

国会会议	法案名称	表决结果
第 93 次	1974 年贸易法案	众议院通过
	H. R. 10710/	1973 年 12 月 11 日（272 – 140）；
	P. L. 93 – 618，1975 年 1 月 3 日	参议院通过
		1974 年 12 月 13 日（77 – 4）
第 96 次	1979 年贸易协定法案	众议院通过
	H. R. 4537/	1979 年 7 月 11 日（395 – 7）；
	P. L. 96 – 39，1979 年七月 26 日	参议院通过
		1979 年 7 月 23 日（90 – 4）
第 98 次	1984 年贸易与关税法案	众议院通过
	H. R. 3398/	1983 年 6 月 28 日（368 – 43）；
	P. L. 98 – 573，1984 年 10 月 30 日	参议院通过
		1984 年 9 月 20 日（96 – 0）
第 100 次	1988 年综合贸易与竞争力法案	众议院通过
	H. R. 4848/	1988 年 7 月 13 日（376 – 45）；
	P. L. 100 – 418，1988 年 8 月 23 日	参议院通过
		1988 年 8 月 3 日（85 – 11）
第 105 次	1997 年互惠贸易协定	众议院通过

续表

国会会议	法案名称	表决结果
	H. R. 2621	1998 年 9 月 25 日（180 – 243）
第 107 次	2002 贸易法案	会议报告通过
	H. R. 3009/	众议院 2002 年 7 月 27 日（215 – 212）；
	P. L. 107 – 210，2002 年 8 月 6 日	会议报告通过
		参议院 2002 年 8 月 1 日（64 – 34）

注：H. R.：众议院表决法案的号码，P. L.：国际公法；表决结果一列中括号内的数字代表投票数，"–"指票数比，例如（272 – 140）指 272 票比 140 票。

资料来源：2014 年 Carolyn C. Smith 贸易促进授权与快速通道贸易协议：主要选票. CRS 国会报告，国会研究服务中心。

事实上，自 20 世纪 70 年代东京回合后（第一次涉及"快速通道"的多边贸易谈判），贸易占 GDP 的比重增加了三倍多，且贸易协议深入影响国内经济结构并决定着贸易和投资流向。新的贸易协定需要进行贸易自由化和政策改革，由于选民会受到或好或坏的影响，因此许多国会议员现在也参与到贸易争论中。毫不奇怪的是贸易政治使两党变得越来越充满敌意。TPA 的目的是确保国会和总统相互协作，更有效地维护美国国内外的经济利益。

TPA 一直遭受到来自三方面的约束。首先，TPA 没有真正建立谈判的优先事项（如 2014 年参议院提出了 19 项之多的优先事项）。其次，TPA 强调美国谈判代表应该要求些什么，但却忽视了对这些要求所能做的补偿。换句话说，美国哪些贸易政策可以妥协。这也是美国谈判代表对新兴贸易协议细节如此忽视的原因之一。在东京回合期间，美国国会主要目的在于规范国外贸易补贴政策，并告诉美国的谈判代表，如果他们谈判成功，国会将同意修改美国的反补贴法，这也正是贸易伙伴国所需要的（见表6.1）。第三，在正式法案和"快速通道"实施以前 TPA 并不需要过度讨论，只有当实施相应的法律法规时，才需要实际的辩论。与此同时编制立法的过程是费时的，例如在 2007 年 6 月签订的韩美自由贸易协定，至四年之后才正式实施该法案。在此期间，美国国会通过大量的讨论与补充协议尽可能地满足韩国的需求。

总之，TPA 并不需要国会迅速地采取行动，只需在争论结束后迅速地进行表决即可。此外，国会与执行部门就实施立法进行协商通常会改变 FTA 某些条款。TPA 并不妨碍 FTA 的重新谈判与制订，但它却限制了干预的规模与范围。也就是说，通过快速通道为贸易伙伴国提供更为安全的保障。

6.2 贸易促进授权的正式通过

奥巴马支持通过 TPA，并承诺与共和党人一起加速推动建成TPA。简而言之，当众议院与参议院就该法案表决时，他将拉拢其他党派一起投赞成票。作为回报，总统将督促国会就民主党议员的相关事宜作为优先事项处理。最重要的是包括重新实施贸易调整援助计划（对进口竞争激烈行业的工人提供联邦援助）以及新的措施打击汇率操作。

2014 年 11 月选举后，随着众议院共和党人数的增加，众议院议长并不需要很多民主党人通过 TPA。但是为避免程序上的延误，参议院多数党领导人却需要一些民主党派的支持以通过 60 票大关。可以肯定的是基于意识形态的考虑，一些共和党人将投反对票。但是总体而言，TPA 是共和党人最先提出的，其支持贸易和投资自由化。

2015 年 5 月 12 日，美国参院就《贸易促进授权》法案进行第一次程序性表决，结果以 52 票（赞成）比 45 票（反对）落败，因未能达到法案通过必需的 60 票。TPA 是奥巴马推动 TPP 和 TTIP 的关键环节，这次参院表决的失败，被认为是 TPP 推进过程中的重大挫折。然而 5 月 14 日美国参院又以 63 票（赞成）比 33 票（反对）超过 60 票门槛，同意开始对 TPA 进行讨论。导致这次变故的原因是急于通过 TPA 的共和党人做出了让步，同意讨论部分民主党人坚持的立法对"操纵汇率国"实施进口税制裁，以及加强对工人和环境保护等议项，结果争取到 13 名民主党参议员的倒戈赞成。2015 年 6 月 25 日，在美国参议院的投票中，TPA 以 60 比 38 的优势顺利得到通过。

第 7 章

TPP 的未来进程分析

尽管缔约国之间达成协议，TPP 在国会批准之前将还有很长的路要走。一旦谈判人员达成协议，美国总统奥巴马签字之前必须给国会至少 90 天审议批准。因此，TPP 最早能在 2016 年的第一星期签署。总统签名后，美国国会对 TPP 执行立法进行审议最早要到 2016 年第一季度。

由于立法者和一些总统候选人对 TPP 协议的反对，随着 2016年总统竞选活动的展开，支持者可能会感到压力。一旦延迟可能让国会不太可能实现对 TPP 执行立法进行表决。在 2015 年底时来看，乐观的情况就是国会可能在 2016 年夏天通过执行立法，为立法在2017 年生效铺平道路。但是由于 2016 年美国总统竞选中民主党候选人希拉里·克林顿和共和党候选人唐纳德·特朗普一反传统的胶着竞争，抨击前任总统未果的贸易政策主张成为了两位候选人不谋而合的策略。截至 2016 年 10 月，国会仍然未通过 TPP 协议，本年度最后的机会可能在 11 月总统大选投票后见分晓。

2015 年 6 月的贸易促进授权法案通过后，贸易官员们开始加快 TPP 谈判的进程。在某种程度上，贸易促进授权法案的立法、通告以及其他一些美国官员在签订贸易协议之前必须完成的要求决定了 TPP 签署的时间。一旦协议大体完成，奥巴马将在正式缔结协议之前提前 90 天通知国会。在此期间，美国官员将在美国贸易代表处的网页上公布协议的内容，并且要求新的贸易促进授权法案需提前至少 60 天完成，之后 TPP 的具体条款才能由国会议员和公众进行讨论和审查。

12 国贸易部长于 2015 年 10 月 5 日完成 TPP 协议谈判，但是这样的巨型区域经济合作协议（mega - regional accord）还需要各国国内的批准与执行。如果国会和总统密切配合，那么国会将会在 2016 年年中对 TPP 进行投票。尽管如此，起草执行法案中的一些差异也可能使投票推迟，就像美韩自由贸易协定时的那样。

假设奥巴马通知国会签字前有 90 天的公示期，那就可以从两个方面对 TPP 协议进行补充分析。第一，所有国会授权的私有部门贸易顾问委员会将拿到 TPP 的文本，并就他们的具体领域进行评估，在 30 天内向总统、国会、贸易代表提交评估结果。第二，美国国际贸易委员会有职责在 105 天内，进行经济学分析，分析该协议可能对美国总体经济的影响以及对具体工业部门的影响，包括对国内生产总值、进出口、总体就业和总就业机会的影响，以及有可能被该协议显著影响的产业的产值、就业和竞争地位，以及美国消费者的利益。

由于上述报告需要 TPP 全文文本以及国家贸易自由化的时间表，因此奥巴马向国会通告之前可能需要一段时间的筹备，2015 年 10 月外界预期他将在随后的一周完成此事。并考虑到 TPA 需要总统在签字法案前在美国贸易代表网站公布 TPP 全文文本至少

60 天，而 TPP12 国的法律团队实际上已经在 2015 年 7 月的毛伊岛部长会议完成了这些条款的审议，因此当时预计 TPP 文本会在 10 月底或 11 月初向公众公布。从现实结果来看，美国最终于 2015 年 11 月 5 日公布了 TPP 协议的英文法律文本。

在通告国会、公开发布、咨询审议结束之后，总统才能在 TPP 协议上签字，最终 TPP 协议于 2016 年 2 月 4 日在新西兰由 12 国代表正式签署。既然 TPP 在 2016 年 2 月已签字，下一步就是执行立法案的起草，不像在其他国家法案一经批准直接变成国家法律的一部分，美国国会需要通过立法来变更在实践中与 TPP 责任不一致的现行美国法律和政策。而总统需要向国会提交立法草案，在实践中法案由国会制定基于行政分支机构输入的信息。对于草拟执行法案的完成是没有限制期限的。TPA 授权的"快车道"只有在总统拿到草拟好的法案并向众议院筹款委员会呈递后才能开始。那时 TPA 的加速程序的作用才能实现（无修改、有限辩论）。

如果国会领导人和行政分支机构配合紧密的话，草拟 TPP 执行法案会在 2016 年初的几个月筹备好，其后进入讨论，并在 2016 年夏天前投票。如果在国会和行政执行机构间出现阻力，那么确立草案法案将会推迟几个月或更长（就像韩美 FTA 法案执行时出现的那样）。

TPP 什么时候可以正式生效？生效的标准在协议的最终规定中详细规定，但是公众目前还不可知。也就是说，只有当国会批准并且其他国家效仿之后，TPP 协议才能生效。按照前面最乐观的假设，TPP 到 2017 年可能会实施。但是开始的日期可能会向后推，如果美国实施立法的起草引起争议和延迟的话。

第8章

中国参与亚太区域 FTA 合作的启示

8.1 中国出口贸易结构及 FTA 策略分析

8.1.1 中国对外贸易的总体规模及出口结构分析

2014 年，中国出口贸易总额 23 423 亿美元，进口贸易总额 19 580 亿美元，贸易余额 3 843 亿美元，进出口贸易总额 43 004 亿美元。从 1998—2014 年美国进出口的变化（图 8.1）可以看出，这 17 年间，中国货物出口额始终大于进口额，其中 1998—2008 年，货物出口额和进口额都保持持续增长，但是出口增速大于进口增速，表现为顺差不断增大，2009 年受金融危机影响，进出口额大幅跌落，并且出口下跌相对较大。2010 年开始，中国进出口较快地开始复苏，但是增速却大不如前。尽管 2009 年到 2011 年中国贸易顺差曾一度收窄，但是 2012 年之后顺差再次不断扩大。总体来说，2008 年金融危机给中国货物进出口带来的最大影响就是进出口的增速开始进入较缓的时期。也是中国经济新常反映在对外贸易上的表现。

从中国货物出口的去向来看，2014年排在前十位的贸易伙伴依次是：美国、中国香港、日本、韩国、德国、荷兰、越南、英国、印度、俄罗斯。从图8.2可以看出，位于前两位贸易伙伴的进口额，远远大于其他的前十贸易伙伴。其中，中国对美国、中国香港的货物出口额均大于3000亿美元，美国市场达到了近4000亿美元（3971亿），是日本市场的2.66倍、韩国市场的近4倍，这样大规模的货物出口额，使得美国成为中国亚太地区FTA进程中，值得加倍重视开展合作的贸易伙伴。其余八个伙伴国的进口额相加达到6160亿美元，不及前两位贸易伙伴的加总。从前十位贸易伙伴的构成来看，北美占1席、亚洲占5席、欧洲占4席，亚洲作为中国出口最重要的目标区域，未来仍拥有较大的增长潜力；除此之外，欧盟是中国传统的重要贸易伙伴，中国与德国、英国等贸易联系较紧密。因此，中国在进行区域FTA合作时，应该一方面重视与亚洲或亚太国家的经济融合，与此同时，不能忽视欧盟市场，也要并重地加强双边或区域FTA的经济融合。

分析中国货物出口排名前十的商品，如图8.3所示，我们发现，电子设备（5709亿美元）、机械产品（4008亿美元）、家具、服装及配饰、技术设备和医疗设备、塑料及其制品、车辆，宝石和金属、钢铁制品，共同构成了中国货物出口的核心产品。仅前两类产品就占了中国货物出口的41.5%，可见中国出口结构相对单一，依赖少数几类产品的出口。除此之外，家具、服装及配饰等，反映出了中国出口中劳动相对密集、总体技术水平不高的特点，这些产品与世界领先国家出口的技术密集的电子产品、技术和医疗设备、医药产品等形成了鲜明的对比，中国出口商品中的增加值回报还有待进一步提升。

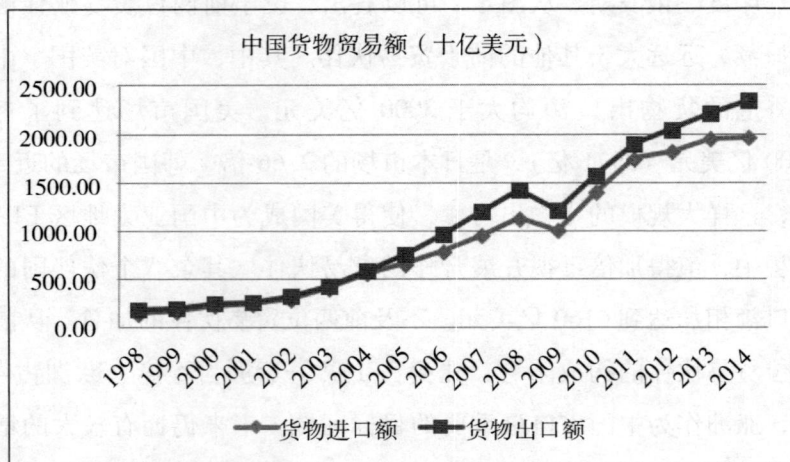

图 8.1　1998—2014 年中国货物贸易额统计

数据来源：作者根据 UN Comtrade database 数据整理。

中国货物出口前十贸易伙伴

■ 出口额（十亿美元）

国家	出口额
美国	397.1
中国香港	363.1
日本	149.4
韩国	100.3
德国	72.7
荷兰	64.9
越南	63.7
英国	57.1
印度	54.2
俄罗斯	53.7

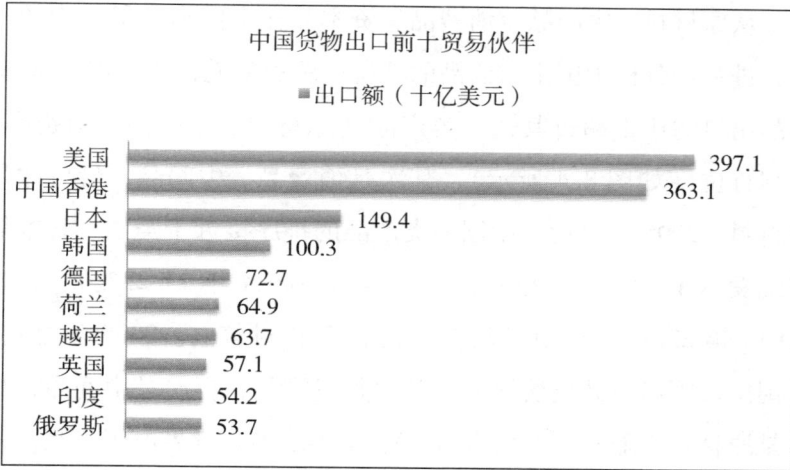

图 8.2　2014 年中国货物出口额前十位的贸易伙伴

数据来源：同上。

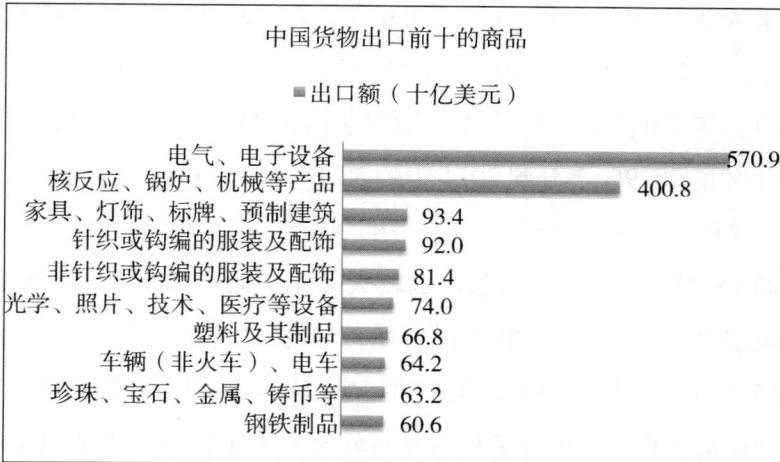

中国货物出口前十的商品

■ 出口额（十亿美元）

商品	出口额
电气、电子设备	570.9
核反应、锅炉、机械等产品	400.8
家具、灯饰、标牌、预制建筑	93.4
针织或钩编的服装及配饰	92.0
非针织或钩编的服装及配饰	81.4
光学、照片、技术、医疗等设备	74.0
塑料及其制品	66.8
车辆（非火车）、电车	64.2
珍珠、宝石、金属、铸币等	63.2
钢铁制品	60.6

图 8.3　2014 年中国货物出口额前十位的商品

数据来源：同上。

　　从原材料、中间品、消费品、资本品在中国出口贸易中的占比，进一步分析中国出口商品的结构。总的来说，从 2005 年起资本品出口的比重超过其他三类产品（原材料、中间品、消费品）位列首位（如图 8.4 所示），其次是消费品、中间品，最后才是原材料。2005 年之后，中国四类产品的排序接近于美国、日本等传统发达工业国，但是差距在于美国（2014 年 23.27%）、日本（2014 年 23.18%）中间品出口的比重相对较高。2005 年之前，中国出口中消费品位居第一，其次是资本品，再次是中间品，最后是原材料。随着中国加入 WTO，更多地参与世界电子产品、机械产品生产的国际分工，从加工贸易到吸引外资建厂，直至出口更多中国自己的电子、机器设备等资本密集型产品，显示出中国出口结构的不断改善。从 2001 年到 2014 年的变化来看，消费品比重从 2001 年起（54.17%）逐年降低，2006 年之前均在 40.0% 以上，从 2006 年开始较快下降到 1/3，2014 年为 33.68%（见表 8.1）。与之相对的，资本品一直保持了相对较快上升的趋势，从 2001 年的 28.9% 上升到 2014 年的 52.0%，已占据中国出口商品的一半以上。中间品相对稳定，从 2001 年的 12.98% 上升到 2014 年的 13.23%，与发达国家形成较大差距。而中国出口原材料的比重显著低于其他三类产品，始终不超过 4%，且稳中有降，2014 年为 1.11%。可见，美国出口中以资本品和消费品为主，结合前面的分析，中国大量出口具有外资和加工贸易特点的电子产品，中等技术密集的机械产品，以及钢铁制品、车辆等资本品，与此同时大量出口家具、服装等劳动密集特点的产品，出口粗加工的中间品较少，而极少地出口未经加工的原材料产品。

表8.1 中国2001—2014 年出口贸易结构统计（单位：十亿美元）

	出口总额	原材料出口额	中间品出口额	消费品出口额	资本品出口额	原材料比重	中间品比重	消费品比重	资本品比重
2001	421.42	16.60	54.71	228.28	121.82	0.0394	0.1298	0.5417	0.289
2002	513.21	17.88	64.38	258.86	172.09	0.0348	0.1255	0.5044	0.335
2003	623.49	20.13	75.91	295.98	231.46	0.0323	0.1218	0.4747	0.371
2004	813.06	22.39	104.40	350.67	335.61	0.0275	0.1284	0.4313	0.413
2005	1023.81	27.16	131.58	428.63	436.43	0.0265	0.1285	0.4187	0.426
2006	1226.79	28.30	165.89	490.20	542.40	0.0231	0.1352	0.3996	0.442
2007	1506.56	31.10	219.64	592.96	662.86	0.0206	0.1458	0.3936	0.440
2008	1721.43	37.00	269.87	650.26	764.30	0.0215	0.1568	0.3777	0.444
2009	1451.25	26.77	179.51	572.13	672.84	0.0184	0.1237	0.3942	0.464
2010	1832.95	31.33	234.49	672.40	894.74	0.0171	0.1279	0.3668	0.488
2011	2130.12	36.80	302.52	753.75	1037.05	0.0173	0.1420	0.3539	0.487
2012	2012.22	26.71	293.38	723.85	968.28	0.0133	0.1458	0.3597	0.481
2013	2123.73	26.54	313.39	755.52	1028.29	0.0125	0.1476	0.3558	0.484
2014	2086.23	23.13	276.02	702.55	1084.54	0.0111	0.1323	0.3368	0.520

注：产品划分依据 UNCTAD – SoP 对 HS – 2 进行的分组。

数据来源：作者根据 TRAINS 数据库结果整理。

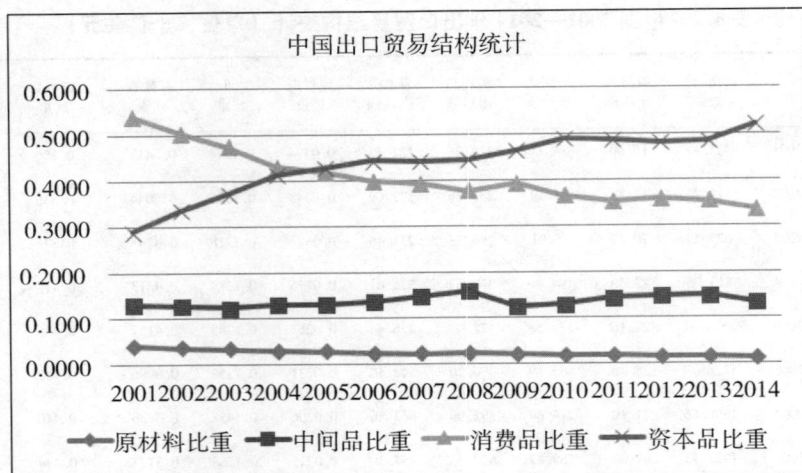

图 8.4 2001 年–2014 年中国出口结构统计

数据来源：同上。

8.1.2 中国 FTA 潜在伙伴国的出口贸易结构分析

从中国排名在前的重要贸易伙伴来看，在亚太或欧盟地区有诸多的潜在 FTA 合作伙伴，鉴于前文对身处 TPP 的亚太国家已经做了具体分析，本节我们重点分析没有加入 TPP 的中国 FTA 潜在伙伴国，它们分别是欧盟、俄罗斯、德国和韩国。

1. 欧盟的出口结构分析

在欧盟出口贸易中四类产品的分布较清晰。其中资本品和消费品同处于较高位置，其次是中间品，最后是原材料（如图 8.6 所示），表现出了较强的工业发达国家的出口结构特点，也显示出了欧盟的要素禀赋优势。其中资本品在 2014 年以前（除 2013 年）一直超过消费品的比重，位列首位，比重从 2001 年（38.11%）起缓慢降低，2014 年降为 36.29%（见表 8.2），进而

194

被消费品赶超。与资本品相对的，消费品保持了平缓上升的趋势，消费品从 2001 年的 21.94% 上升到 2014 年的 27.62%，中间品紧随其后，从 2001 年的 32.78% 上升到 2014 年的 36.37%。中间品比重虽然略有下降，但仍远远高于原材料出口比重，占两成左右（2014 年为 23.89%）。最后是原材料产品，其比重显著低于其他三类产品，占比略有下降，2014 年仅为 3.44%。可见，欧盟出口中以技术密集、资本密集的消费品和资本品为主，而较少地出口未经加工的原材料产品。

表 8.2 欧盟（27 国）2001—2014 年出口贸易结构统计（单位：十亿美元）

	出口总额	原材料出口额	中间品出口额	消费品出口额	资本品出口额	原材料比重	中间品比重	消费品比重	资本品比重
2001	814.68	38.34	198.83	267.05	310.47	0.0471	0.2441	0.3278	0.3811
2002	899.56	41.76	218.86	308.02	330.92	0.0464	0.2433	0.3424	0.3679
2003	953.22	43.06	233.79	327.11	349.25	0.0452	0.2453	0.3432	0.3664
2004	1009.39	44.24	245.00	338.88	381.27	0.0438	0.2427	0.3357	0.3777
2005	1195.03	53.93	287.31	404.06	449.72	0.0451	0.2404	0.3381	0.3763
2006	1234.98	51.03	298.83	417.21	467.91	0.0413	0.2420	0.3378	0.3789
2007	1518.39	64.66	353.96	517.86	581.91	0.0426	0.2331	0.3411	0.3832
2008	1754.83	77.54	413.28	590.57	673.44	0.0442	0.2355	0.3365	0.3838
2009	1384.66	63.36	326.36	475.04	519.90	0.0458	0.2357	0.3431	0.3755
2010	1528.56	74.00	359.35	539.04	556.16	0.0484	0.2351	0.3526	0.3638
2011	1934.95	94.46	448.61	684.30	707.58	0.0488	0.2318	0.3537	0.3657
2012	1571.05	57.99	356.60	582.54	573.91	0.0369	0.2270	0.3708	0.3653
2013	1721.93	66.29	393.01	625.50	637.12	0.0385	0.2282	0.3633	0.3700
2014	1769.21	60.89	422.70	643.49	642.13	0.0344	0.2389	0.3637	0.3629

注：产品划分依据 UNCTAD - SoP 对 HS - 2 进行的分组。

数据来源：同上。

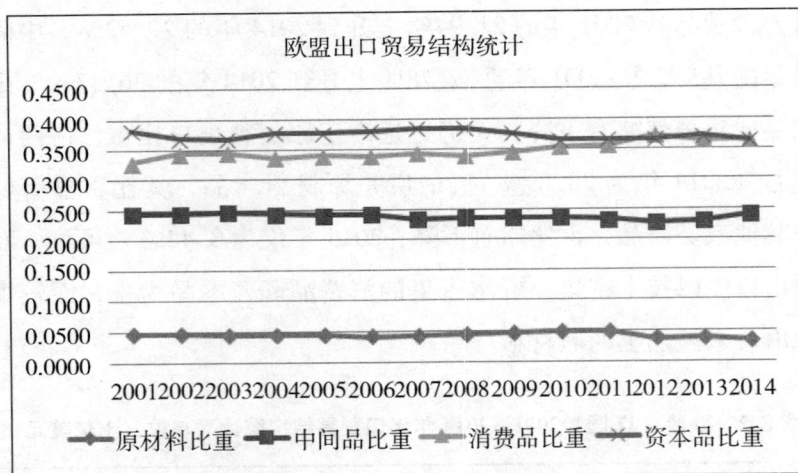

图 8.6　2001—2014 年欧盟出口结构统计

数据来源：同上。

2. 俄罗斯的出口结构分析

俄罗斯四类产品出口贸易的分布，与另一类发达国家类似，如澳大利亚、新西兰等，其出口中原材料的比重远远超过其他三类产品（原材料、中间品、消费品）位列首位（如图 8.7 所示），其次是消费品、中间品（二者在 2008 年之后排位出现交替），最后才是资本品，表现出了较强的矿物燃料、资源产品出口的特点，也显示出了俄罗斯与多数发达国家不同的要素禀赋优势。其中排名第一的原材料从 2001 年（37.88%）起逐年升高，2002 年以后均在 40.0% 以上，2014 年上升为 49.73%（见表 8.3），已接近俄罗斯货物出口的一半。除此之外，消费品保持了较快上升的趋势，消费品从 2001 年的 21.94% 上升到 2014 年的 27.62%，中间品紧随其后,从 2001 年的 22.34% 上升到 2014 年的 30.23%,在 2009 年超过中间品成为排名第二的出口产品。与之相对的中间品则出现了持续快速下降,从 2001 年的 35.1% 下降到 2014 年的17.4%。最特别的是资本品的比重显著低于其他三类产品,小幅下降,2014 年仅为 2.64%。这种极少出口资本品、大量出口原材料的情况在发达国家中比较少见,进而俄罗斯出口比较依赖那些重要的原材料目的市场,金融危机后国际矿石、矿物燃料价格持续低迷,因此俄罗斯有动力和重要目的市场通过 FTA 进行更加深入的经贸合作,以保证其主要出口产品较为稳定地增长。所以,我们认为中国这样的原材料重要进口国将能够充分吸引俄罗斯积极参加中国主导的亚太 FTA 合作。

表 8.3 俄罗斯 2001—2014 年出口贸易结构统计(单位:十亿美元)

	出口总额	原材料出口额	中间品出口额	消费品出口额	资本品出口额	原材料比重	中间品比重	消费品比重	资本品比重
2001	95.64	36.23	33.57	21.36	4.48	0.3788	0.3510	0.2234	0.0469
2002	111.51	46.39	33.57	26.73	4.81	0.4161	0.3011	0.2397	0.0431
2003	118.13	51.44	37.23	25.93	3.53	0.4355	0.3152	0.2195	0.0299
2004	156.17	72.14	49.26	30.68	4.09	0.4619	0.3154	0.1964	0.0262
2005	202.76	104.61	53.91	40.97	3.27	0.5159	0.2659	0.2021	0.0161
2006	251.84	125.44	64.30	56.51	5.59	0.4981	0.2553	0.2244	0.0222
2007	301.44	148.67	77.43	67.78	7.56	0.4932	0.2569	0.2248	0.0251
2008	410.43	204.31	95.45	97.90	12.76	0.4978	0.2326	0.2385	0.0311
2009	274.52	131.32	55.35	81.27	6.58	0.4784	0.2016	0.2960	0.0240
2010	374.17	179.51	73.51	112.85	8.30	0.4797	0.1965	0.3016	0.0222
2011	499.76	238.73	91.21	157.10	12.73	0.4777	0.1825	0.3143	0.0255
2012	421.40	203.47	73.42	131.60	12.91	0.4828	0.1742	0.3123	0.0306

续表

	出口 总额	原材料 出口额	中间品 出口额	消费品 出口额	资本品 出口额	原材料 比重	中间品 比重	消费品 比重	资本品 比重
2013	424.12	195.54	74.56	142.35	11.68	0.4610	0.1758	0.3356	0.0275
2014	425.65	211.66	74.07	128.68	11.24	0.4973	0.1740	0.3023	0.0264

注：产品划分依据 UNCTAD – SoP 对 HS – 2 进行的分组。

数据来源：同上。

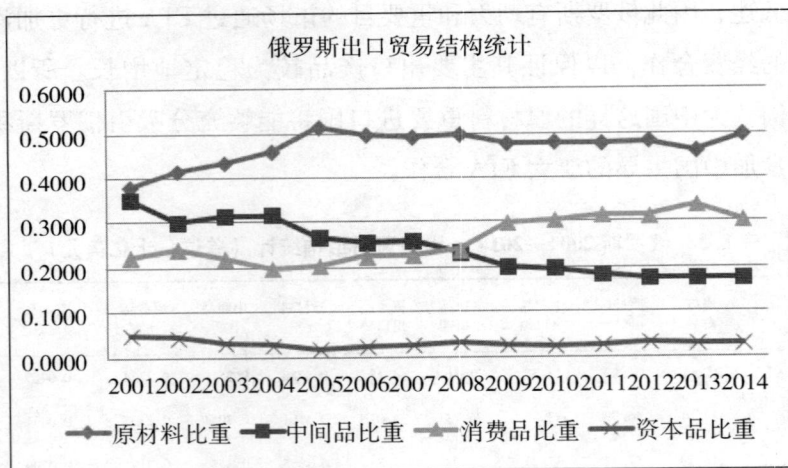

图 8.7　2001—2014 年俄罗斯出口结构统计

数据来源：同上。

3. 德国的出口结构分析

德国的出口结构沿袭了传统发达国家的分布特点，资本品出口的比重远远超过其他三类产品位列第一（如图 8.8 所示），其次是消费品、中间品，最后才是原材料，表现出了较强的工业发达国家的出口结构特点，也显示出了德国的要素禀赋优势。其中资本品比重相对稳定，约占 45%，并没有受到金融危机的显著影响，从 2001 年的 45.31% 变化为 2014 年的 45.18%（见表8.4）。消费品在金融危机前后，先下降后上升（2001 年 32.71%，2014 年 35.46%），而中间品在金融危后略有下降（2001 年 20.4%，2014 年 18.02%），二者加起来约占 4 成左右，相加还不及资本品的比重，可见德国出口产品以技术密集、资本密集的电子设备、机械设备、车辆为主。除此之外，原材料比重极低，相对稳定，一直保持在 2% 以下。我们可以发现，对于工业非常发达的德国是很少出口原材料产品的。因此，中国在与欧盟进行 FTA 合作，或者与德国进行双边 FTA 时，可以考虑到双方资本品、消费品、中间品在技术水平上较好的互补性，有利于推动双方经济贸易进一步融合。

表8.4　德国 2001—2014 年出口贸易结构统计（单位：十亿美元）

	出口总额	原材料出口额	中间品出口额	消费品出口额	资本品出口额	原材料比重	中间品比重	消费品比重	资本品比重
2001	226.26	3.55	46.18	74.02	102.53	0.0157	0.2041	0.3271	0.4531
2002	256.77	3.27	53.09	86.73	113.68	0.0127	0.2067	0.3378	0.4427
2003	277.74	3.08	56.16	94.08	124.41	0.0111	0.2022	0.3387	0.4479
2004	287.74	3.06	56.61	94.16	133.91	0.0106	0.1967	0.3273	0.4654
2005	334.37	4.12	66.91	106.92	156.42	0.0123	0.2001	0.3198	0.4678
2006	347.60	4.07	71.62	109.80	162.12	0.0117	0.2060	0.3159	0.4664
2007	431.64	5.80	85.65	135.60	204.59	0.0134	0.1984	0.3142	0.4740
2008	498.16	7.42	101.09	151.03	238.63	0.0149	0.2029	0.3032	0.4790
2009	393.47	7.27	79.30	123.46	183.43	0.0185	0.2016	0.3138	0.4662
2010	448.64	8.84	90.66	148.90	200.25	0.0197	0.2021	0.3319	0.4463

续表

	出口总额	原材料出口额	中间品出口额	消费品出口额	资本品出口额	原材料比重	中间品比重	消费品比重	资本品比重
2011	570.96	10.33	111.34	189.82	259.47	0.0181	0.1950	0.3325	0.4545
2012	447.30	4.78	87.27	158.66	196.60	0.0107	0.1951	0.3547	0.4395
2013	489.40	5.20	92.90	176.07	215.23	0.0106	0.1898	0.3598	0.4398
2014	520.69	6.95	93.84	184.64	235.26	0.0133	0.1802	0.3546	0.4518

数据来源：同上。

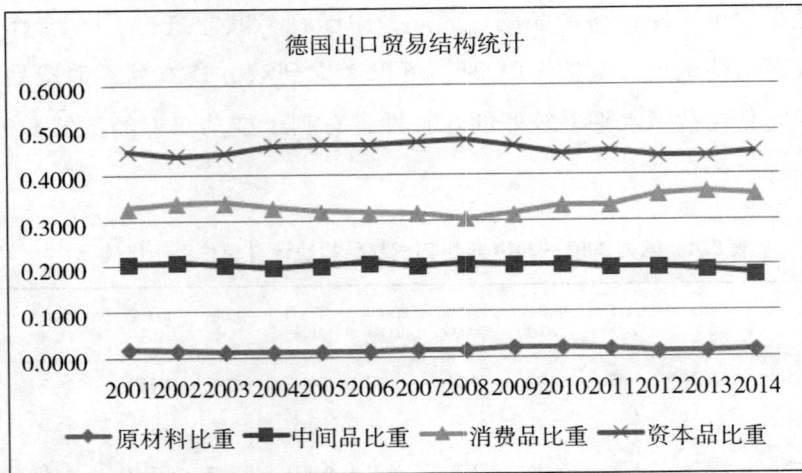

图 8.8　2001—2014 年德国出口结构统计

数据来源：同上。

4. 韩国的出口结构分析

韩国四类产品的出口结构也表现出传统发达国家以资本品为第一位的特点（2014 年 54.4%，超过一半），鉴于韩国的要素禀赋特点，其原材料出口在四类产品中比重不仅排在最后，而且数值非常低（2014 年 0.49%），其中资本品出口的比重远远超过其他三类产品（如图 8.9 所示），其次是水平较为接近的中间品、消费品，最后才是原材料，表现出了工业发达国家的出口技术密集、资本密集的结构特点。其中资本品经历了先缓慢增长后下降，其后从 2013 年起又快速增长。我们认为韩国得以在后金融危机时期使其资本品快速恢复到较快增长状态，与韩国和其主要出口市场如美国、中国积极开展 FTA 合作息息相关，进而我们相信与经济联系紧密并且互补性较强的经济体建立 FTA，会给缔约国带来较大的正面利益。韩国的消费品在 2013 年后经历了一个快速的下降过程，从 2013 年的 28.23% 迅速降为 2014 年的 21.78%，进而消费品在 2014 年被中间品反超，仅位列第三。因此韩国为了保持其消费品的稳定出口，未来将会与亚太消费品互补的发展中国家建立更多的区域经济合作，这对中国来说也是一个谈判和博弈的较好的契机。除此之外，韩国出口中间品相对稳定，2001 年为 24.81%，2014 年小幅降至 23.22%，但是由于资本品快速上涨的挤占，中间品虽小幅下降，仍在 2014 年位居第二。

表 8.5 韩国 2001—2014 年出口贸易结构统计（单位：十亿美元）

	出口总额	原材料出口额	中间品出口额	消费品出口额	资本品出口额	原材料比重	中间品比重	消费品比重	资本品比重
2001	151.30	1.71	37.53	41.82	70.24	0.0113	0.2481	0.2764	0.464
2002	166.29	1.55	37.33	42.44	84.98	0.0093	0.2245	0.2552	0.511
2003	196.74	1.59	42.94	47.74	104.47	0.0081	0.2182	0.2426	0.531
2004	255.39	1.94	55.33	57.98	140.14	0.0076	0.2166	0.2270	0.549
2005	290.45	1.93	62.99	65.50	160.02	0.0067	0.2169	0.2255	0.551
2006	331.35	2.22	70.06	74.19	184.88	0.0067	0.2114	0.2239	0.558

续表

	出口 总额	原材料 出口额	中间品 出口额	消费品 出口额	资本品 出口额	原材料 比重	中间品 比重	消费品 比重	资本品 比重
2007	378.81	3.38	82.80	83.11	209.52	0.0089	0.2186	0.2194	0.553
2008	417.56	3.38	98.45	94.32	221.42	0.0081	0.2358	0.2259	0.530
2009	341.55	3.68	78.68	72.19	187.00	0.0108	0.2304	0.2114	0.548
2010	439.14	3.65	101.51	89.31	244.68	0.0083	0.2312	0.2034	0.557
2011	517.51	4.36	126.39	124.32	262.44	0.0084	0.2442	0.2402	0.507
2012	355.05	2.19	81.26	101.36	170.24	0.0062	0.2289	0.2855	0.479
2013	366.36	2.10	86.52	103.41	174.33	0.0057	0.2362	0.2823	0.476
2014	494.81	2.40	114.88	107.76	269.77	0.0049	0.2322	0.2178	0.545

注：产品划分依据 UNCTAD – SoP 对 HS – 2 进行的分组。

数据来源：同上。

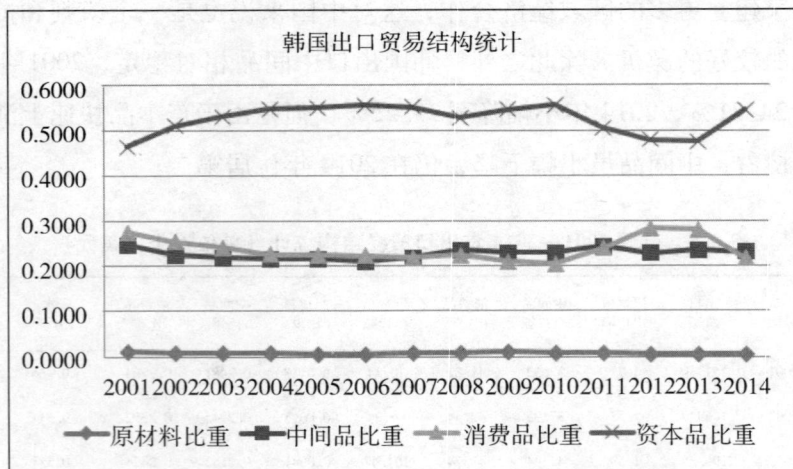

图 8.9　2001—2014 年韩国出口结构统计

数据来源：同上。

8.1.3　中国对外贸易的全球分布

1. 出口贸易

利用数据库工具，将中国货物贸易的出口地区根据贸易额不同做出全球颁布图，如图 8.10 所示。颜色由深至浅代表中国出口总额在这些地区的分布由多至少（基于百分位数计算）。其中黑色分别有：美国排名第一（占中国出口总额 17.0%），中国香港排名第二（占 15.5%），日本排名第三（占 6.4%）；灰色覆盖第 4～50 名，韩国第四（4.3%）、德国第五（3.1%）、荷兰第六（2.8%）、越南第七（2.7%）、英国第八（2.4%）、印度第九（2.3%）、俄罗斯第十（2.3%）、新加坡第十一（2.1%）、马来西亚第十二（2.0%）、亚洲其他未列明国家为第十三（2.0%）、澳大利亚第十四（1.7%）、印尼第十五（1.7%）。前十五位出口目的地的出口额加总，约占中国 2014 年出口总额的 68.3% 以上，可见中国出口国别结构集中度虽然较高，但是并没有美国集中度那样高，中国在世界比较广泛的范围内都形成了出口（平均来看，深灰覆盖了更广泛的地区），它们主要分布在亚洲、欧洲，其次是北美洲、大洋洲、南美洲和非洲。从中美出口贸易版图的对比可以看出一个明显的差别：主要是在亚洲，中国的较深的颜色更加全面地覆盖着亚洲的版图，也就是说，和美国相比中国的出口份额更多集中在亚洲地区。

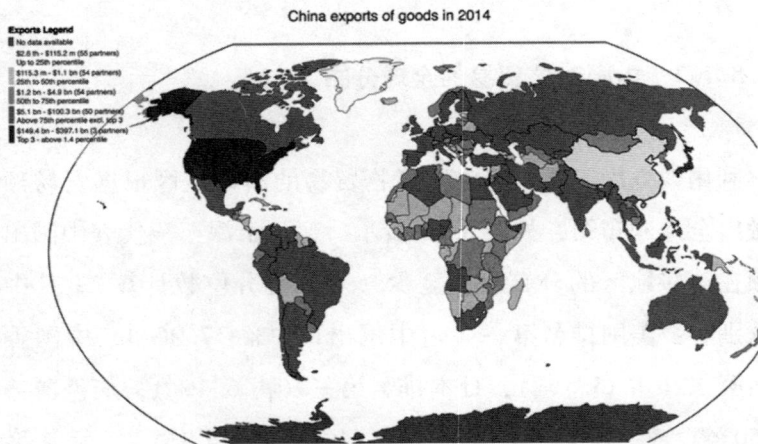

图 8. 10　2014 年中国货物贸易出口分布图

资料来源：International Trade in Goods based on UN Comtrade data，Developed by the Department for Business Innovation and Skills（UK）。

2. 进口贸易

类似地，将中国货物贸易的进口地区根据贸易额不同做出全球分布图，如图 8. 11 所示。从进口情况来看，颜色由深至浅代表中国进口总额在这些地区的分布由多至少（基于百分位数计算）。其中黑色分别有：韩国排名第一（占中国进口总额 9.7%），日本排名第二（占 8.3%），美国排名第三（占 8.2%）；灰色覆盖第 4 ～50 名，亚洲其他未列明国家第四（7.8%）、中国特别区域第五（7.4%）、德国第六（5.4%）、澳大利亚第七（5.0%）、马来西亚第八（2.8%）、巴西第九（2.6%）、沙特第十（2.5%）、南非第十一（2.3%）、俄罗斯第十二（2.1%）、瑞士第十三（2.1%）、泰国第十四（2.0%）、安哥拉第十五（1.6%）。前十五位进口来源的进口额加总，约占中国 2014 年进口总额的

69.8%，可见中国进口来源国并不像美国那样的极度集中，并没有过高地依赖排名前五的进口伙伴国，进口的主要产品为（按排名）：电气、电子设备，矿物燃料、油、蒸馏产品等，核反应、锅炉、机械等，矿石、矿渣及矿灰，光学、照片、技术、医疗等设备，车辆（非火车、电车），未按种类规定的商品，塑料及其制品，有机化学品，铜及其制品。进口来源分布的地区重点在亚洲地区，以及大洋洲、南美、非洲南部的资源输出地区，少数分布在北美和欧洲。中国进口贸易地图和美国相比有截然不同的特点，它表现为更多的深色被亚洲地区的覆盖，以及更少的非洲地区（欧洲地区也相对美国略少一些）。如果借鉴美国 FTA 伙伴国的选择策略，在进口中获得更高水平、更低成本的产品，我们应该更注意与亚洲主要进口国缔结贸易协定，除此之外大洋洲和欧洲的部分地区（如德国），也是中国在制定 FTA 合作政策中应当优先考虑的对象。

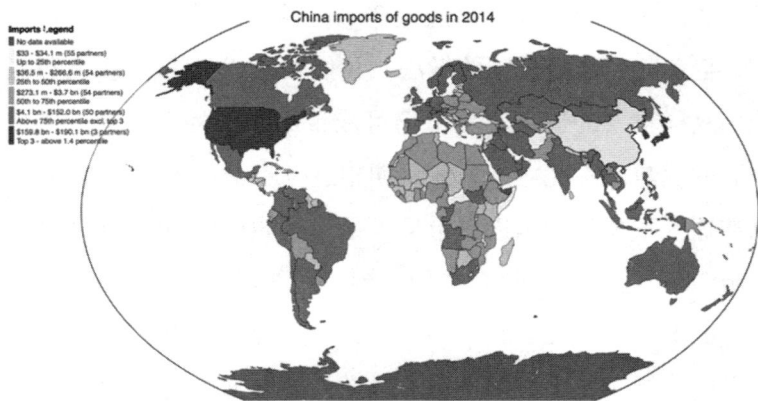

图 8.11　2014 年中国货物贸易进口分布图

资料来源：同上。

3. 对外贸易差额

中国货物贸易顺差地图极其直观地反映了中美贸易盈余地理分布的不同，其中绿色代表贸易盈余，共 157 个伙伴国，分布在北美洲、欧洲和亚洲的绝大部分地区（除德国、瑞士、挪威、奥地利、爱尔兰；韩国、日本、泰国、马来西亚、缅甸、蒙古；以及一些中东国家外），中国的贸易逆差（贸易赤字有 57 个伙伴国）主要分布在大洋洲、南美洲、非洲的中部和南部地区。其中，在北美洲地区，美国、加拿大、墨西哥均给中国带来了贸易余额，中国对美国贸易盈余 2373 亿美元、对墨西哥贸易盈余 211 亿美元、对加拿大贸易盈余 48 亿美元（三个国家总计 2632 亿美元，占中国 2014 年贸易盈余的 68.5%），也许这一数字可以进一步让我们认清一个事实，在美国主导并带动北美国家全面参与的 TPP 协议中，可能难以容忍中国加入其中享受优惠，因为中国的货物贸易已经在整个北美洲地区获得了无可匹敌的贸易顺差。在欧洲，德国为中国带来贸易逆差 323 亿美元，瑞士为中国带来逆差 373 亿美元，借鉴美国的做法，我们在形成 FTA 时应该积极考虑德国这样重要的进口贸易市场可能带给中国的高水平、低成本进口品的优势。除此之外，如果期望进一步推进中国—欧盟 FTA，可以从这样重要的中国进口市场入手，比如德国 2014 年实现总贸易盈余 2873 亿美元，除对美国（612 亿美元）、欧盟，中国对这一顺差的形成（11.2%）功不可没。并且从长远来看，越早跟中国这样的经济快速增长国进行 FTA 合作，就能越早分享亚洲这一世界经济最活跃地区的增长动力。

由于中国经济增长对能源及初级产品的需求，对澳大利亚、巴西、南非、沙特都形成了规模不小的贸易逆差，如澳大利亚585 亿美元、南非 289 亿美元、沙特 279 亿美元、阿曼 217 亿美元、巴西 168 亿美元，从能源及初级产品长期持续可获性的角度，中国需要积极开展与这些国家的双边或多边区域经济合作。中国另外两个重要的贸易逆差国，就是韩国和日本。2014 年韩国对中国出口 1453 亿美元，占全年出口总额的 25.4%（对中国货物贸易顺差 898 亿美元），对美国出口总额 706 亿美元，占韩出口总额12.3%（对美国顺差 251 亿美元）。因此，从中国在韩国贸易中的重要性和影响力来看，中国推动亚太地区 FTA 合作，可能更容易吸引韩国的加入。此外，2014 年中国对日本货物贸易逆差 134亿美元，由于日本将区域经济合作的主要精力放在了 TPP 协议，未与中国、韩国等亚洲重要经济体开展双边或多边 FTA 合作，自然对日本商品更多地进入亚洲市场产生了一定的负面影响。

图 8.12　2014 年中国货物贸易差额分布图

资料来源：同上。

8.2　中国出口面临关税结构及 FTA 策略分析

基于前文对中国四类商品出口结构的分析，进一步的，我们将中国与 FTA 潜在伙伴国 2001 年至 2014 年对各自所有出口市场的加权平均关税进行统计，可以得到如表 8.6 到表 8.9 的统计数据，分别按照原材料、中间品、消费品、资本品进行统计。这些 FTA 潜在贸易伙伴既包括 TPP 的现有成员，也包括前文分析的亚洲、欧盟的经济体。

从中国与 FTA 潜在伙伴国出口原材料的加权平均关税可以看出，从 2001 到 2014 年，世界各国出口原材料的平均关税在逐渐下降，2001 年时，世界平均水平为 6.55%（参见表 8.6），由于 WTO 等多边一体化组织发挥作用，全世界范围对原材料的关税都降低了，2014 年各国出口原材料加权平均关税仅为 1.47%，这时大于这一世界平均水平的原材料出口国有美国（3.61%）、中国（3.4%）、韩 国 （2.34%）、德 国 （5.04%）、澳 大 利 亚（1.53%）、印度（4.04%）、欧盟（5.5%），尽管从前文的分析来看，美国、韩国、德国、欧盟在出口结构中，原材料占比比其他三类产品都低，但是原材料中的农产品部门等与各国农业利益集团息息相关，可见通过 WTO 的多边贸易体制没有使得原材料的出口关税状况达到平均水平（这也是 WTO 进展缓慢，无法协调发达国家农产品保护的主要表现），所以这些分布于北美、欧洲、亚洲的经济体要在其原材料出口的主要目的地亚太地区开展更为有效的区域 FTA 合作。此外，根据前文的分析，澳大利亚、俄罗斯都是以原材料出口为主的国家，但是 2014 年俄罗斯原材料出口面临的关税大大低于世界平均水平，进而我们需要警惕俄罗斯在进行双边或区域 FTA 合作时，或在贸易政策的制定中提高自己矿石、矿物燃料、木材等原材料出口的要价（如原木出口管理政策等），给中国带来资源类产品供应不足的波动性风险。

根据前文的分析，我们发现发达国家出口中的共性是中间品都占有相当的比重，那么从各国出口中间品的加权平均关税来看（如表 8.7 所示），2001 年为 5.7%，随着 WTO 成立后在全球范围内推动降低关税，2014 年时中间品世界平均出口关税降为 2.22%，这时高于世界平均水平的经济体是美国（2.41%）、日本（3.21%）、中国（3.57%）、韩国（2.96%）、德国（2.8%）、印度（2.88%）、欧盟（2.39），可见随着 WTO 的不断推进，美国、中国、德国、印度、欧盟中间品关税的情况不仅没有变好，反而在 2014 年高出了世界平均水平（这些国家 2001 年时中间品出口面临关税低于世界水平）。进而，不同层次的经济体开始对多边贸易体制的有效性质疑，于是需要在区域范围内推动中间品关税的有效降低，尤其是金融危机后，将为需要迅速恢复经济的欧盟、美国做出贡献。

作为传统发达国家排名第二位的出口产品，如表 8.8 所示，2001 年各国出口消费品的加权平均关税为 6.44%，随着在世界范围内推动提高消费者福利、降低消费品关税水平，2014 年时各国出口消费品的平均关税水平降为 3.95%，这时高于世界水平的国家有日本（5.75%）、中国（5.92%）、韩国（4.55%）、德国

（5.05%）、印度（5.59%）、欧盟（5.15%）。从高出世界水平的发达国家的减少可以看出，WTO 世界范围内降低消费品关税对少数主导的发达国家还是相对有效的，但中国出口消费品面临的关税从 2001 年低于世界水平变为 2014 年高于世界水平。鉴于消费品是中国排名第二的出口产品（2014 年占 33.68%），如果 TPP 合作将中国排除在外，那会使得中国情况更为不利，进而中国应该在 FTA 策略积极推动消费品关税在更大覆盖范围内的降低。

资本品是传统发达国家最重要的出口商品，也是快速增长的发展中国家的主要出口产品（如中国），从表 8.9 可以看出，各国资本品出口面临的关税是低于其他三类产品的。2001 年各国出口资本品的关税平均水平为 3.07%，2014 年平均水平降至 1.56%，这时除了中国，即美国、日本、韩国、德国、俄罗斯、印度、澳大利亚、欧盟都高出世界平均水平。对于大多数发达国家来说，资本品是其最主要的出口产品，却面临了高出世界平均水平的关税，再次表现出 WTO 的关税降低成果，无法体现发达经济体的利益诉求，所以美国、欧盟、韩国都需要积极推动有利于自身资本品出口的区域协议，如 TPP 协议、TTIP 协议，将更多地使机器设备、电气设备、车辆、航空器、船舶等出口到亚太地区或欧美地区。其中日本资本品面临出口关税最高，因此尽管国内开放农产品进口的压力巨大，其将仍然坚持推进 TPP 协议的实施。

总之，通过 WTO 的多边贸易体制没有使得主要发达经济体的原材料、中间品、消费品、资本品的出口关税状况普遍达到世界平均水平，这些国家开始对 WTO 多边贸易体制的有效性质疑，于是区域 FTA 涌现了增长的高潮，人们普遍认同在区域内推行原

材料、中间品、消费品、资本品关税的降低，更容易达成良好的
效果，尤其是金融危机后，积极推动 TPP 协议或 TTIP 协议，成
了发达经济体促进经济恢复的重要手段。具体而言，美国的资本
品出口、澳大利亚和俄罗斯的原材料出口、日本的消费品和资本
品出口也遇到了高于其他国家平均出口关税的情况，进而这些国
家将积极地参与区域高水平协议，并与其出口重要伙伴如中国等
积极开展 FTA 的融合。

表8.6 中国与 FTA 潜在伙伴国 2001—2014 年原材料的加权平均关税统计
（单位:%）

	世界	美国	日本	中国	韩国	德国	俄罗斯	印度	澳大利亚	欧盟 27 国
2001	6.55	18.63	4.27	12.93	5.4	9.41	1.39	4.26	6.57	14.5
2002	5.47	13.16	3.8	21.57	5.55	10.91	1.15	3.33	5.63	14.95
2003	5.13	14.31	3.54	24.25	5.62	10.2	0.93	2.88	5.86	14.35
2004	4.07	15.61	2.7	10.1	4.33	7.98	0.65	5.64	6.46	8.84
2005	3.03	8.1	2.5	17.05	4.78	8.52	0.6	2.38	4.59	7.29
2006	2.65	12.28	2.23	9.96	4.14	7.74	0.51	5.56	4.09	6.39
2007	2.73	10.88	2.48	14.38	3.58	9.43	0.53	4.48	3.9	7.03
2008	2.26	13.76	2	3.84	3.31	10.32	0.35	4.18	2.42	6.22
2009	2.53	12.14	2.01	7.98	2.87	9.27	0.57	3.99	2.25	7.26
2010	2.41	14.04	2.06	6.34	3.17	9.94	0.43	3.46	1.95	7.17
2011	2.32	12.28	1.97	4.56	2.78	11.58	0.46	2.07	1.99	7.66
2012	2.4	14.02	1.35	4.97	2.16	12.32	0.2	3.88	1.97	11.91
2013	2.42	7.82	1.36	4.78	2.16	18.48	0.43	3.33	2.35	12.46
2014	1.47	3.61	1.35	3.4	2.34	5.04	0.17	4.04	1.53	5.5

注：产品划分依据 UNCTAD - SoP 对 HS - 2 进行的分组。

数据来源：作者根据 TRAINS 数据库结果整理。

表 8.7　中国与 FTA 潜在伙伴国 2001—2014 年中间品的加权平均关税统计

（单位:%）

	世界	美国	日本	中国	韩国	德国	俄罗斯	印度	澳大利亚	欧盟 27 国
2001	5.7	5.42	6.83	5.44	8.72	4.84	3.37	4.57	6.33	5.41
2002	4.93	3.18	5.71	5.71	7.43	4.58	4.14	4.13	6.95	5.16
2003	4.82	5.14	5.61	5.17	6.72	4.17	3.36	3.77	5.14	4.65
2004	4.01	2.72	5.09	4.42	6.02	3.88	2.9	3.51	6.32	3.98
2005	3.72	2.59	4.77	4.51	5.59	3.51	2.66	3.44	4.57	3.63
2006	3.35	2.4	4.46	4.44	4.82	3.13	2.28	3.33	3.97	3.38
2007	3.41	2.4	4.18	4.01	4.87	3.34	2.39	2.84	4.66	3.31
2008	2.96	2.28	4.02	3.56	4.33	3.36	1.76	3.07	3.36	3.46
2009	3.28	2.38	3.92	4.12	4.23	3.4	2.09	3.19	4.34	3.47
2010	3.2	3.49	3.97	4.13	3.86	3.32	1.71	3.32	3.39	3.47
2011	3.28	3.59	4.13	3.89	3.71	3.41	1.69	3.16	3.48	3.34
2012	2.96	3.24	3.35	3.74	2.81	3.09	1.12	2.77	2.99	3.16
2013	3.09	3.18	3.35	3.93	2.57	3.23	1.82	3.38	3.26	3.12
2014	2.22	2.41	3.21	3.57	2.96	2.8	1.46	2.88	2	2.39

注：产品划分依据 UNCTAD – SoP 对 HS – 2 进行的分组。

数据来源：同上。

表 8.8　中国与 FTA 潜在伙伴国 2001—2014 年消费品的加权平均关税统计

（单位:%）

	世界	美国	日本	中国	韩国	德国	俄罗斯	印度	澳大利亚	欧盟 27 国
2001	6.44	8.39	8.56	5.32	8.74	6.36	2.48	7.77	6.29	6.88
2002	5.88	4.3	7.57	6.44	8.6	5.91	2.77	7.49	6.37	6.77

续表

	世界	美国	日本	中国	韩国	德国	俄罗斯	印度	澳大利亚	欧盟27国
2003	5.79	7.6	7.51	5.34	7.49	5.77	2.26	7.08	9.22	6.51
2004	4.73	3.9	6.98	4.99	7.22	4.95	1.47	6.84	6.85	4.92
2005	4.8	3.57	7.03	5.69	7.55	5.11	2.16	6.93	4.92	5.29
2006	4.65	3.78	7.67	5.89	7.47	5.29	0.73	6.51	5.3	5.23
2007	4.83	3.95	8.94	5.84	7.77	5.59	1.11	5.93	3.83	5.41
2008	4.48	3.82	7.99	5.39	7.03	5.76	0.74	5.52	3.16	5.61
2009	4.48	3.99	7.33	5.53	7.05	5.46	0.67	6.11	3.2	5.3
2010	4.84	5.15	7.9	5.83	7.8	6.85	0.84	5.41	5.37	5.98
2011	4.46	4.99	6.35	5.61	6.15	6.36	0.7	5.28	3.67	5.66
2012	4.11	4.28	5.18	5.77	5.47	4.65	1.18	5.71	2.63	4.92
2013	4.3	4.53	5.2	5.7	4.46	4.9	1.21	5.77	2.26	5.18
2014	3.95	3.64	5.75	5.92	4.55	5.05	1.62	5.59	1.61	5.1

注：产品划分依据 UNCTAD – SoP 对 HS – 2 进行的分组。

数据来源：同上。

表 8.9 中国与 FTA 潜在伙伴国 2001—2014 年资本品的加权平均关税统计

(单位:%)

	世界	美国	日本	中国	韩国	德国	俄罗斯	印度	澳大利亚	欧盟27国
2001	3.07	3.54	3.99	2.3	3.32	4.52	5.25	3.84	3.04	4.01
2002	2.34	1.54	3.36	1.91	2.76	4.25	4.41	4.96	2.75	3.9
2003	2.55	3.08	3.52	1.66	2.72	3.91	2.68	3.66	2.69	3.75
2004	2.02	1.38	3.31	1.5	2.62	3.39	2.19	3.97	2.74	3.14
2005	1.96	1.46	3.2	1.66	2.42	3.21	2.43	3.92	2.28	2.99
2006	1.79	1.31	2.94	1.56	2.18	2.91	1.21	3.89	2.45	2.78
2007	2.09	1.47	3.69	1.85	2.5	3.11	2.91	3.67	2.65	2.89

续表

	世界	美国	日本	中国	韩国	德国	俄罗斯	印度	澳大利亚	欧盟 27 国
2008	2.14	1.53	3.97	1.67	2.54	3.23	0.77	3.44	2.4	3.08
2009	1.99	1.66	3.23	1.55	2.39	3.32	1.61	3.52	2.13	3.2
2010	2.09	1.88	4.28	1.55	2.48	3.36	1.41	3.65	2.24	3.19
2011	2.55	1.96	5.24	1.93	4.57	3.65	0.63	3.77	2.67	3.36
2012	1.6	1.63	2.6	1.15	2.06	2.75	0.43	3.24	2.06	2.79
2013	1.73	1.83	3.05	1.25	1.99	2.6	0.89	3.5	1.99	2.61
2014	1.56	1.64	2.8	1.27	1.82	2.9	1.86	3.32	1.79	2.69

注：产品划分依据 UNCTAD – SoP 对 HS – 2 进行的分组。

数据来源：同上。

214

第 9 章

结　论

关于谈判的起源、发展和动因，以及 TPP 涉及的各个领域目标、达成的协议概要，此处不做赘述，仅列出部分主要结论，包括：

9.1　TPP 涉及的重点领域及关键问题

1. TPP 设置高标准规则的理由包括：（1）确保将国有企业排除在优惠政策之外；（2）加强商业机密的保护以维护美国的创新地位；（3）在互联网领域排除服务器和技术"强制本土化"；（4）确保对 TPP 成员国更深层次、更广泛领域的市场进入。

进而 TPP 协议文本的 30 章中，首次在自由贸易协定中将国有企业、竞争政策、合作与能力建设、中小企业、透明度与反腐、监管一致性等单独设立章节。

2. 针对"投资者—国家争端解决"机制的批评主要涵盖五个方面：（1）外国公司超高待遇；（2）仲裁者难以配置；（3）限

制国家治理能力；（4）过程过度保密；（5）仲裁上诉机制缺失。TPP 借鉴了韩—美、韩—加、韩—澳自由贸易协定的 ISDS 条款，基本可以解决批评者的这些疑问。

3. 在药品专利权保护期方面，美国 12 年标准过高，其他成员国只接受 8 年以下，因此在最终条款中双方会做出妥协折中。

9.2　TPP 的成员选择原则和策略

1. 通过对美国贸易地理分布的版图分析，我们可以发现其设计 TPP 成员选择的原则和策略：即将重要出口市场凝聚到巨型 FTA 协议框架之下，进一步增加在这些出口市场的份额，提高美国商品的出口优势，带动经济增长的同时，实现更多有吸引力的就业。在成员选择上不以贸易顺差为前提，美国通过 21 世纪最高水平的 FTA 谈判，成功筛选了来自伙伴国的产品（可能会造成进口的优胜劣汰并抑制进口规模），保证美国可以享受最高劳工标准、环境标准、安全标准、高透明度等条件下生产的原材料、中间品、消费品、资本品，并把购买这种高水平产品的成本通过 FTA 减免进口贸易壁垒控制到最低水平，最终把这种进口成本优势部分反映在出口能力的增加上。整体来看，这便是美国推行 TPP 区域经济合作的主要布局原则。

2. 从美国与其他 TPP 成员国的经贸联系上看，美国对这 11 个国家的货物出口额在美国总货物出口额的比重一直在 43.2% 以上，因此 TPP 协议已经覆盖了美国 43% 以上的货物出口市场。其中最为重要、占比最大的是加拿大，其次是墨西哥，但在金融危机后的经济恢复时期，墨西哥这样的发展中经济体仍然表现出了很强的市场潜力。总的来看，加拿大、墨西哥两个市场相加，基本上就占据了美国货物出口市场的1/3，从发展趋势来看，他们未来也将是美国出口贸易增长的重要伙伴国。出口方面第三重要的市场，便是日本，但受整体经济下滑的影响，其在美国贸易伙伴国中的地位在不断下降。除此之外，紧随其后的就是新加坡和澳大利亚，其余6国的总和在2014年只占3.1%。进而，我们可以想见，在未来的TPP合作之中，加拿大、墨西哥、日本承诺的协议条款能否在本国国内通过，严重影响美国参与TPP的收益规模。

（3）从各个贸易伙伴在美国服务出口额中所占的比重可以看出，美国服务出口方面最重要的贸易伙伴一直是欧盟（占近1/3），其他贸易伙伴均在10%以下，TPP成员国占比也相当有限。因此，TPP合作覆盖了更加广泛的实际是美国货物贸易的出口，TTIP合作则是为了涉及更加广阔的美国服务出口的。在大多数市场都表现出下降的趋势时少数市场保持了增势，其中中国增势最为迅猛，因此，即使美国不把中国纳入TPP或TTIP的区域合作框架，但是也不得不和中国保持良好的双边对话，甚至是服务或投资领域的深入合作关系，中国应该清晰认识到自身对美国服务出口的重要性，在开展双边或多边合作时，赢得更多的谈判对价。

TPP发达成员国中，呈现出两种出口结构特点，一类是美国、日本、新加坡，出口中表现出显著的技术和资本密集的特性，资本品占绝大多数（四成以上），其次是消费品、中间品（二者相对接近，但前者大于后者），最低的是原材料。而 TPP 的另一类发达国家，如加拿大、澳大利亚、新西兰，它们的出口当中原材料往往占比巨大，而资本品比重很低，这种严重依赖原材料的出口结构，易受到后金融危机时期国际市场矿产资源价格波动的影响，潜藏着不稳定因素，因此这一类国家有较大动力与原材料重要进口市场保持较好的经贸关系，即积极参与亚太区域经济合作之中。中国应当在亚太 FTA 合作中利用自身是矿石、矿物燃料进口大市场的优势。

4. 对于 TPP 的发展中成员国，一类是需要更多利用 FDI 为东道国带来的经济带动效应，或发展加工贸易增强与主要市场的联系度（如墨西哥的汽车工业，马来西亚的电子产业、设备制造），抑或将具有优势的纺织品、鞋帽等更便利地出口到美国等发达国家（如越南）；另一类是经济贸易发展水平都不高的小国，以出口原材料、中间品为主，以小国身份参与到大国主导的区域经济合作中，能够将其原材料、中间品更顺利地出口到其主要市场。鉴于这些需要它们未来也不会放弃与中国等亚洲其他经济体优惠贸易安排的推进。

在当前世界经济总体略显低迷的形势下，美国想要增加出口贸易，只能有效利用区域或双边的贸易协议，来尽可能降低其主要出口伙伴的贸易壁垒，进而便利贸易。这种贸易便利是从美国的经济发展需要出发的，比如信息技术产品的贸易和投资便利、服务贸易自由化等。基于这种思考，推动区域和双边经贸合作被美国放到了前所未有的高度，TPP 也因此被赋予了更高的使命，吸引了更多的关注。

9.3　TPP 为美国带来的规则、标准引领的利益

为了彰显其区域经贸合作的高水准，美国在推进贸易和投资协议时往往强调更高的劳工标准、环境保护标准以及知识产权保护要求，以此促进社会经济发展和持续创新。但是这些要求对于发展中经济体是难于一蹴而就的，即使勉强按要求执行，也有可能和发展中经济体自身的经济水平并不吻合，可能造成负面影响。但从美国的角度来看，这样的标准有利于使处在知识经济较高水平的发达经济体，进入更为广阔的发展中市场，发挥他们的巨大优势，并且保障他们的相关利益。比如，强调更高的劳工标准，可以在保证美国工人较高回报的前提下，产品价格仍然具有国际竞争力，而发展中国家产品往往是劳动密集、技术较低的，劳动力成本上升后就将丧失发展中国家劳动力丰裕带来的价格优势。

环保标准亦是如此，尽管从社会可持续的角度看，环境保护至关重要，但发达国家也难以避免在发展初期投入较高的环境要素。因此，当前发展中经济体的难题是如何平衡国际社会较高的环保要求与社会经济较快发展的需要。美国在 TPP 成员国之间大力推进多边环境协议的达成。从经济角度看，美国在世界范围内推行较高的环保标准，有利于降低发展中国家资源环境类商品的价格优势，或者有利于制约发展中国家，从而获得较好的市场进

入条件，毕竟美国的比较优势产品集中在高新技术、信息等服务领域。

在 TPP 协议谈判中，美国也主导对海洋、森林和濒危物种的保护，反对非法采伐、野生动物非法交易、渔业补贴等行为，旨在促进和激发清洁能源等技术创新。而在这些技术创新领域，发达国家具有人力资源、资金投入和研发能力。除此之外，TPP 更加强调服务贸易领域的开放和自由化，比如互联网领域跨境数据交换的开放，通过推行更严格的知识产品保护要求，保护美国数字化服务产品出口者的利益，与此同时严厉打击网络窃取商业机密等行为。

9.4　TPP 为美国带来的就业创造利益

从 TPP 的就业创造能力来看，成员国中的传统发达伙伴国在金融危机后，就业支持能力在下降，而发展中经济体如墨西哥就业支持增长能力较强。除此之外，在 TPP 以外，也存在重要的就业支持地区，如欧盟，几乎和加拿大能支持的就业规模相近。另外韩国的就业支持能力也在不断提高，这就向我们解释了，为什么美国积极推进 TPP 的同时还要加速 TTIP 下与欧盟的自由贸易合作，除此之外美韩之间也形成了水平较高的 FTA。不过从就业支持的潜力来看，中国绝对是美国贸易伙伴中不可忽视的一个，尽管想通过把中国排除在 TPP 外制衡中国，鉴于中国不断增长的经济实力，其对于美国就业创造确实非常重要，未来即使 TPP 实施，美国也将着重考虑如何处理和中国的关系，在货物贸易特别是服务贸易等诸多领域还会进一步深入开展合作。

9.5 TPP 经济效应的 GTAP 模拟

使用可计算一般均衡模拟工具 GTAP 对四个情形的亚太 FTA 合作进行模拟，（1）TPP 协议正式实施，从而 TPP 成员国之间的关税壁垒取消；（2）将美、日单独列出研究，TPP10 商品关税降为 0，美、日、TPP10 间双向关税降为零；（3）在情形 2 基础上，考虑韩、美 FTA 实现商品关税降为 0；（4）在情形 3 基础上，考虑韩、中 FTA 实现商品关税降为 0。结论表明：

1. TPP12 国组成 FTA，则区内成员受益，区外国家利益受损。TPP12 国作为整体主要宏观经济指标增加，并且在 GDP、进出口、贸易条件、福利变化等方面都增长。把美国、日本单独列出，可以发现日本受益高于 TPP10 国，并且高于美国，区外国家福利均受损。如果美国与韩国也实施零关税的 FTA，美国宏观经济指标（GDP、进出口、贸易条件、福利）均正向变化，并且其增长幅度大于 TPP 其他 10 国，此时美国 GDP 增长由负转为正（0.10%）、福利增长大幅提高，但是此时受益最大的仍然是日本。因此，单纯参与目前 12 国的亚太伙伴合作，对于美国来说积极作用十分有限，甚至由于放开某些市场，使得 GDP 的影响效果为负，但是如果美国同时和重要的贸易伙伴韩国也达成 FTA，尽管还未加入 TPP 协议，也大大扩大了美国的正向效果。

（2）从中国受到的影响来看，如果美韩 FTA 完全实施，中国的负面影响要比情形（2）中 TPP12 国形成 FTA 的情况还要差，所有宏观经济指标都为负，并且负向幅度大于情形（2）。与此同时，如果韩国不加入 TPP 仅和美国形成 FTA，那么韩国的 GDP、福利、贸易条件、贸易平衡和福利均负向变化。因此，我们认为，韩国有极大动力与中国全面实行 FTA。那么中韩之间形成FTA 全面取消关税，虽然美国出口、进口、贸易条件的变化均低于情形（3），但是由于贸易逆差比之前缩小了，对 GDP 的增长效果增加，此时中国和韩国宏观经济的损失都得以降低，甚至韩国主要经济指标的变化均为正（除贸易平衡外），进而限制了日本正向效果。

（3）情形（3）作为美国更倾向的亚太贸易自由化模式，美国贸易顺差方面受益最大的两个部门分别是农产品和加工食品生产部门，但是美国其他部门均呈现贸易逆差，尤其是交通运输方面。而日本在该部门的顺差会增加。为了弥补在美日汽车贸易中的比较劣势，美国未来的 FTA 策略中会积极发挥与亚太其他国家汽车贸易中的比较优势，比如在中—美 BIT 中积极推动汽车行业的外资进入。由于美国产业与日本相关产业较强的竞争性关系。在二者的合作当中，日本农业处于竞争力较弱的地位，而美国的较多工业部门处于相对劣势。因此出于保证本国国内就业的考虑，美日双方会注意对这些部门的保护，例如采取手段多样的非关税壁垒等措施（包括 TPP 协议中的特殊保障措施）。此外，中国内地在除加工食品、纺织品、交通运输外的工业部门中均获得正向产出变化，但由总体贸易条件变化 −0.2% 的结果可知，虽然我国在这些部门产出增加，但是贸易条件却面临恶化。因此，我国应特别重视在对外出口中贸易条件的改善。

（4）情形（4）作为中国偏好的亚太贸易自由化形式，尽管美国贸易顺差方面受益最大的两个部门仍然是农产品和加工食品部门，但是顺差规模已经比情形（3）明显缩小，表明中国进入与韩国农产品零关税的情形，会挤占美国农产品在韩国的出口优势。从中国（内地）的角度来看，虽然仍受到负面冲击，但是由于中国主动推动中韩 FTA，冲击幅度均比情形（3）要小。具体到产品部门，我国农产品、加工食品、机电产品、木材加工的净出口均为正，机电产品顺差仍最大，但是这时农产品、加工食品部门利用韩国开放市场，使贸易差额由负转为正；而纺织品、交通运输产品、化工制品及其他工业产品的逆差都加大，其中纺织品逆差最大。因此，如果按照中国偏好的模式进行亚太 FTA 合作，会对中国农产品和加工食品产生新的正面影响，但是我们需要重点关注对中国纺织品、交通运输产品和其他化工产品的负面影响，从而控制对中国带来的负面冲击。

9.6 TPP 的发展进程及中国亚太地区的 FTA 策略

对于 TPP 未来进程的分析，从 2015 年底来看，如果国会与行政机构配合紧密，TPP 执行法案草案会在 2016 年初筹备好，在 2016 年夏天前投票。当国会批准并且其他国家也通过后，TPP 协议才能生效。按照乐观估计，TPP 到 2017 年可能会实施。但由于

2016 年美国总统大选中两位候选人对该协议均持否定态度，直至 2016 年 10 月国会仍未通过该协议。最后的通过机会可能在 11 月总统大选投票后。尽管如此，如果美国立法的起草引起争议和延迟，其实施还将后延。

从中国出口地理分布的版图进行分析，如果借鉴美国 FTA 伙伴国的选择策略，在进口中获得更高水平、更低成本的产品，我们应该更注意与亚洲主要进口来源国缔结贸易协定，除此之外大洋洲和欧洲的部分地区（如德国），也是中国在制定 FTA 合作政策中应当优先考虑的对象。从中国在韩国贸易中的重要性和影响力来看，中国推动亚太地区 FTA 合作，可能更容易吸引韩国的加入。

分析出口产品面临的加权平均关税，我们发现通过 WTO 的多边贸易体制没有使得主要发达经济体的原材料、中间品、消费品、资本品的出口关税状况普遍达到世界平均水平，这些国家开始对 WTO 多边贸易体制的有效性质疑，于是区域 FTA 涌现了增长的高潮，人们普遍认同在区域内推行原材料、中间品、消费品、资本品关税的降低，更容易达成良好的效果，尤其是金融危机后，积极推动 TPP 协议或 TTIP 协议，成了发达经济体促进经济恢复的重要手段。具体而言，美国的资本品出口、澳大利亚和俄罗斯的原材料出口、日本的消费品和资本品出口也遇到了高于其他国家平均出口关税的情况，进而这些国家将积极地参与区域高水平协议，并与其出口重要伙伴如中国等积极开展 FTA 的融合。